*Rich*致富 *275*

預售屋全攻略
選屋、簽約、財務、監工、驗收一本到位

dolin66◎著

高寶書版集團

推薦序 1

財經專家／林奇芬

「啊！原來買預售屋可以要求這麼多？」這是我看了本書之後，第一個浮現的想法。很高興，終於看到台灣第一本完整講述購買預售屋的寶典出版了。

這本《預售屋全攻略》讓即便是外行人在購買預售屋時，也可以懂得怎麼去看門道，不再當它只是間「空中樓閣」。

全世界只有台灣和中國採行預售屋制度，這是聰明的中國人想出「互惠」買賣雙方的新點子，然而，再好的制度，再好的立意，一旦缺乏有效管理，時間久了難免要走樣。

人人都想住新屋，尤其是買還沒蓋起來的預售屋，既可以減輕貸款的壓力，又能保有住新屋的期待，每天看著它「一暝大一吋」，內心有說不出的歡喜，但是從消基會的紀錄來看，有關預售屋的購屋糾紛，多得讓人怵目驚心。

在這種情況下，只有不斷充實自己看屋買屋的專業能力，才能自保。

就拿大家又怕又煩的「契約」來說，消費者對「履約保證」的直覺反應，就是保證契約之履行；換句話說，就是能買到如契約上所記載的房屋。但事實上，消費者對履約保證機制在認知上的落差，往往是導致消費糾紛不斷的主因。

雖然內政部提供五種預售屋履約保證機制來保障消費者權益，但消費者若是不了解履約保證的實質內容，那麼這個保證形同虛設。建商就是看準民眾不懂又怕煩，所以經常在合約中大玩文字遊戲，再配合銷售人員天花亂墜的說詞，大夥兒只有被唬得一愣一愣的份，到頭來吃了大虧還求助無門。

所幸，本書作者清楚詳列契約的內涵，還把契約文字用「大白話」說清楚講明白，這簡直是所有消費者的福音，不但讓消費者在簽約前看懂契約的內涵，還教你如何把銷售人員講的話寫進契約裡，甚至反過來運用契約保障自己

的權益。相信，這本書一上市，一定會讓許多建商臉色發青。

　　此外，本書也一一把買預售屋最需要注意，卻又常常被忽略的細節；或是應該要注意，卻因為外行而常常被誆騙的重要事項，鉅細靡遺全寫在書裡，它不只教你看懂鋼筋水泥下的黑心建材，還要教你看懂建商的黑心操作手法。這本書，實在是所有買房者都應該人手一書、保衛身家財產的好物。

　　這本書寫得非常淺顯易懂，專業而不艱澀，讀來輕鬆有趣，且總是站在讀者的角度，把大家心裡對買房的疑慮全部掏出來一一澄清解說。讀完這本書，一定會改變你對買房的觀念與想法，不再視買預售屋為畏途。在此誠摯推薦此書給大家！

推薦序 2

知名房產部落客／紅色子房

　　許多人買東西，都要先能夠看得到、摸得到，才做決定。

　　舉例來說，訂製一件西裝，比起直接買一套成衣西裝，有正反兩面觀點可以討論。

　　正面來說是量身打造，資訊透明，內外材質選擇看得見。反面來說，就是在還未看到成品就確認買賣的風險，因此對於這間西裝裁縫師的信譽、過去手工品質、驗收標準要特別注意。否則，花錢花時間等待一件訂製西裝，若交貨後發現不是自己心目中理想的西裝，是多麼令人沮喪。

　　買房子更是如此。

買預售屋的好處，本書作者 dolin66 從他營建專業出發，闡明買預售屋可以「量身打造—搭配客變調整隔間裝修」；可以「資訊透明—結構設備品質全都露」；也可以「看得見內外材質—用圖說教你怎樣看工地」。比起買新成屋或中古屋，作者認為預售屋才是真正的「眼見為憑」。

至於買預售屋的風險，坦白說只要是「訂購行為」，就一定有風險。

「賣預售屋」對於建商來說，是一個很好的資金運用與風險控管手段。建案基地可以土地融資，營建成本可以建築融資，若是在開工前後取得消費者的前期資金，建商在建案執行過程中可以將自有成本降到最低。那麼，風險轉嫁給誰了呢？自然就是買預售屋的消費者。

因此，在民主法制國家中，一切就靠「契約」來保護自己了。房地產投資法人有堅強的律師可以作為後盾，但一般消費者就需要一位紙上導師協助囉！看懂預售屋付款金的「預售屋履約保證五大機制」、善用政府定型化契約規定、詳讀房屋的保固項目、了解建商違約條款、甚至廣告

不能是僅供參考，都要好好的研讀與了解再做簽字。

　　本書作者 dolin66 也是我成大學弟，書中文字充滿務實的圖說與誠懇的建議，從建立購屋消費者正確的預售屋觀念出發，搭配整個選屋購屋交屋流程，從他買屋過來人與監造工程人的角度，無私分享許多一般人看不到的細節眉角，教大家成為聰明的預售屋消費者。

　　由衷希望本書讀者，能夠依照本書所提示的內容技巧，快樂的圓一個預售屋買房夢。看到一棟房子從平地蓋起來，跟著工程進度想像未來入住的模樣，有一本這樣完整經驗書告訴讀者預售屋全攻略，從選屋、簽約、財務、監工、驗收面面俱到，值得推薦。

作者自序

買房子應該是絕大多數人一生中，最大筆的金錢支出，也可能是自己與家人使用最久的一項「設備」，然而，大多數的消費者在買電視、買電腦、買車或購買其他日常生活用品前，一定會去探聽什麼品牌比較好、在哪買比較便宜、開箱後有沒有碰到什麼難以解決的缺陷，然而面對買房前的「功課」，為何少了這些步驟？

以我自己為例，我在建築這個領域浸淫十多年，非常清楚其中的「黑箱」作業。所以在我有結婚的計畫時，便花了兩年的時間，看遍大台北地區超過 150 間以上的房子，只為了替自己與家人找到適合且能安心居住的好屋。

大家都知道，房地產有太多的訣竅在其中，一般外行的民眾根本看不懂其中的彎彎繞繞，只能聽信建商或房仲業者片面的「專業建議」，等到三、五年住出問題後，才發現自己上當受騙，但此時早已求助無門。

　　所以我出這本書就是要告訴大家，若不想花了上百萬、上千萬的畢生積蓄，卻買到終生後悔的房子，最好的方式就是購買預售屋，親眼看著它從平地到完工，且一路都是在自己的監工中完成，透過真正的「眼見為憑」，才能讓自己住得安心。

　　這本書，是我將十多年來蓋房、看房、買房以及賣房的經驗匯集而成，總共分為五大篇，從買房到交屋的過程，逐一詳細說明。

　　事實上，我更認為，這本書不僅適用於想要購買預售屋的讀者，本書更是所有想要買房的讀者，絕對必備的「秘笈」，因為本書把所有買屋該注意的眉眉角角，全部說清楚，講明白！所有建商與房仲不告訴你的祕密，本書通通告訴你，讓你從此不必怨嘆花錢買教訓，哀怨千金難買早知道！說它是「買房全攻略」，一點也不為過。

　　最後，希望本書出版後，能夠為「房事」擔憂的您，提供一個完整的建議方案，讓您在高房價的世代，也能擁有一個安身立命的好屋住宅。

前言
預售屋、新成屋、中古屋，哪個比較好？

　　想要買房成家的人，最常想知道的事情是：「預售屋、新成屋和中古屋有什麼不同？哪種屋對買方最有利？」

　　預售屋是指領有建造執照、尚未建造完成，而以將來完成之建築物為交易標的之物（依照「行政院公平交易委員會對於預售屋銷售行為之規範說明」的定義）。用白話來說就是，買方在房屋還沒蓋好時，就簽約買下這間房屋。

　　新成屋則是屋齡兩年以內，剛興建完成且尚未賣出，或預售時剩下的房子；中古屋則泛指屋齡五年以上，而且之前已有人居住過的房屋。在財務狀況許可的前提下，我建議以新屋做為置產的首要目標。

　　為什麼？新屋通常都比中古屋貴上許多啊！

話雖如此，然而，各位讀者是否想過，為什麼同地段的新屋，價格就是比中古屋貴上許多？而這兩者之間的價差，正是房屋市場給予新屋與中古屋的不同評價。

　　新屋為什麼好？

　　首先，新屋發生問題的機率，比中古屋低很多。例如漏水、漏電、結構損壞、壁面髒污、地坪隆起等。再加上新屋不會有裝潢、家具等障礙物，更能讓買方對於屋子的施工品質瞭若指掌。

　　還有，常造成中古屋買賣糾紛的凶宅問題，也不太可能在新屋身上發生。最重要的是，買屋是為了讓自己的生活更舒適滿足，而且我相信，大多數人喜歡居住在新屋，多過於中古屋吧！

　　其次，新成屋必須符合較新法規的要求。這表示房屋在設計時，耐震係數較中古屋更高、消防設備要求更嚴格、動線規劃也更便利，這對於房屋擁有者的居住安全，更是大大的加分！

　　在居住管理上，因為新成屋不會有舊住戶，在訂定生

活公約時（如電梯梯廳不能擺放私人物品、後陽台鐵窗格式統一、防火逃生梯不得堆放雜物等議題），比較不會受到舊有住戶以「這樣做已經好多年了，之前都沒人有意見」等理由予以杯葛阻撓，也比較容易建立起合理的公共管理規範。

最後，雖然房子的耐用性極佳，但依舊無法規避老化的折舊問題。購屋者如果希望在未來換屋時，現在住的房屋還能賣個好價錢，那麼屋齡絕對是必要的考慮因素。原因就如同前述，大部分的人都喜歡住新屋，而區域內也一定會陸續推出其他新的建案。因此如果購入新屋，就能確保想換屋時，無需承擔前任屋主遺留的屋齡折舊因素，盡力為愛屋爭取到最佳的賣相與賣價。

喔，所以新成屋是購屋族的首選囉？

沒錯，而且如果要我選擇，我最希望購入的是「預售屋」。

預售屋！買的時候什麼都看不到，還要擔心建商收了錢落跑，怎麼會是最佳選擇？

想想，前陣子連環爆的黑心食品事件，哪樣商品沒有漂亮的包裝？哪樣商品沒有經過政府認證通過？但下場是什麼？

然而我們絕大多數人普遍認為，唯有新成屋才能讓買屋者「真正看得到、摸得到」，是可以「眼見為憑」的商品。問題是，新成屋雖然「看得到、摸得到」，然而，不論品質好壞都是木已成舟；更糟糕的是，攸關房屋品質的真正細節，全部都藏在漂亮的表面裝修材底下，如何「眼見為憑」？不知道各位有沒有認真想過？

所以，唯有預售屋，才是能讓我們真正有機會，可以看到隱藏在表象下的蛛絲馬跡，才是可以看到真相的購屋選擇。唯有自己「看得到」、「看得懂」的產品，才是可以放心的商品。

但這些我們都沒接觸過，要怎麼看？就算看得到，也得看得懂啊！

　　各位請放心，我之所以出版這本書，目的就是在幫助大家，怎麼擷取預售屋的優點，又能夠避免誤觸預售屋的陷阱。後文，我會提供各位大量的有效的資訊，協助想要買房的朋友，如何在負擔最低的情況下，輕鬆且安全地買到自己理想的房子。日後，就請把這本書帶去工地，鉅細靡遺地為自己的愛屋監工吧。

太好了，如何為預售屋監工，真是太重要的知識了！問題是，除了可以在蓋房子的過程中監工品質外，買預售屋還有哪些好處？

　　預售屋除了可以實際監督工程施作以保障品質外，更有「房價給付較為彈性」及「可以配合需求辦理客變」等兩大優勢。這些優勢，將會在觀念篇中向讀者詳細說明。

買屋是許多人一輩子最大的投資，除了少數的天之驕子，一般都必須藉由向銀行貸款的方式，才能一圓購屋的夢想。所以在計畫購屋之前，請先利用「35/35 原則」來評估家庭的經濟能力，才不會讓購屋成為拖垮生活品質的重擔。

做完家庭的財務健康檢查後，下一步就該製作「家庭購屋需求表」，找出適合自己需求的「理想屋」。至於什麼是 35/35 原則？購屋需求表又該如何製作？這些答案都在準備篇，等待讀者去挖掘。

> 但你剛有說到，買預售屋有可能誤觸陷阱，這個部分，你可不能唬弄過去，究竟有哪些陷阱？又該怎麼避免？

沒錯沒錯，任何決定都可能有風險。我們在找到「理想屋」之後，接著就會面臨簽約程序。許多讀者對於契約的印象，應該就是照著建商的指示，在固定的地方簽名蓋章，然後拿回家收在抽屜裡，等到發生糾紛告上法院時，

才發現契約條文無法保障自己的權益，自然也就無法為自己討回公道。

　　究竟契約中，應記載與不得記載的事項有哪些？簽約還應注意哪些事項？就讓我在簽約篇中，逐條為各位詳說分明。

　　在家庭可負擔的前提下，找到適合的愛屋，也完成簽約手續後，接下來就該教讀者，如何在施工現場當個稱職的柯南。

　　監工篇將利用大量的現地施工照片，讓讀者可以按圖索驥，輕鬆瞭解艱深的專有名詞。除此之外更能讓讀者確認，建商是否有按照經專業技師簽證的圖說施作，讓自己的愛屋成為面子裡子都兼顧的模範屋。

　　最後，驗收篇會為大家統計出 121 項常見的必須勘查項目，讓各位只需要按表操課，就能輕鬆成家。在此先預祝大家，人人都能買好屋、住好房！

目錄

觀念篇　買預售屋才是上上策！

準備篇　購屋前的準備功課

觀念篇

買預售屋才是上上策！

大多數人都以為，
買新成屋才能「眼見為憑」，
但事實上，當新成屋落成的剎那，
如果施工過程有瑕疵，此時想挽救也來不及了！
這話絕對不是危言聳聽，
本篇將詳細分析給你聽，
為什麼想要住好屋，
「買屋當買預售屋」的終極原因！

　　如果把房子比喻成人，新成屋就像一個衣著花枝招展、打扮妖嬌美麗的美女，這樣賞心悅目的畫面，會讓你開心的馬上在驗收合格單上簽名。

　　然而，當你抱著雀躍的心情，準備花錢進行室內裝修後，往往才赫然發現，怎麼窗台邊緣會滲水、浴廁淋浴間會積水、預留的分離式冷氣排水孔無法使用……

　　更誇張的是，有些房子的樑、柱及窗戶周邊，竟然出現裂縫等結構體破壞的跡象，還有外推陽台等不合法二次施工[1]，以致遭人舉報等煩人的問題接踵而來……

1　二次施工是指建築物在領到使用執照後，再行施工增加室內使用面積的行為。常見的二次施工如陽台外推、頂樓加蓋及室內夾層等方式。然而讀者必須注意的是，這些二次施工所增加的室內面積都屬於「違建」，一旦經檢舉查報後除需依法拆除外，也會有可能吃到建管單位的罰單。

買成屋，真正的黑心你看不見！

哪有那麼恐怖，別嚇我們了！

千萬別說不可能，舉個例子，過去位於台北市東湖地區的合家歡社區，十幾年前採取五層連棟、三米寬大氣中庭走廊，豪華的設計，讓許多購屋者趨之若鶩。

然而，建商卻使用海砂做為鋼筋混凝土中的細粒料，於是含量過高的氯離子逐漸腐蝕鋼筋，曾經美輪美奐的建物，如今只剩下鏽蝕斑駁的空屋，還有住戶滿腹的怨氣。目前社區早已「十屋九空」，留下來的住戶多半是因無處可去，不得已才冒險留下。

至於建設公司十幾年來消極避責，讓住戶只能無奈接受這個殘酷的事實。社區名銜下方的那片白色鹽結晶，恰似這群孤立無援的住戶，哭過又乾的淚痕。

　　相信沒有人希望自己買的愛屋，出現上述案例中那麼嚴重的品質瑕疵，然而新成屋及中古屋是建商早就蓋好的建物，鋼筋、混凝土、防水材等重要的工項早已施作完成，無法以肉眼檢視。

　　這就好比我們若不透過醫療器具，也無法得知骨骼、器官是否受傷，兩者是一樣的道理。遺憾的是，目前還沒有成熟的非破壞性檢測方式，能夠在上述工項施作完成後，再來進行檢視施作的品質。

　　表 1 是 102 年第三季全台發生購屋糾紛的統計，總數高達 532 件，其中與施工品質有關的糾紛，單單房屋漏水就有 100 件、施工瑕疵 33 件、設備建材不符 7 件、工程結構及公共工程安全問題 8 件，以及氯離子檢測 3 件。各位準備購屋的朋友，您還覺得成屋真的可以「眼見為憑」嗎？

表 1　內政部 102 年第三季購屋糾紛數量統計

糾紛原因	數量
契約審閱權	18
隱瞞重要資訊	50
廣告不實	13
產權不清楚	11
定金返還（含斡旋金轉成定金）	22
開工遲延	2
施工瑕疵	33
建材設備不符	7
工程結構及公共工程安全問題	8
交屋遲延	24
坪數不足	6
屋頂使用權與產權爭議	1
停車位使用權	6
停車位面積	2
要約書之使用	2
仲介「斡旋金」返還	20
仲介公司欺罔行為	23
賺取差價	1
服務報酬爭議	25
房屋現況說明書內容與現況不符	9
氯離子檢測	3
有關稅費爭議	4
未提供要約書或斡旋金契約選擇	2
終止委售或買賣契約	45
房屋漏水問題	100
標的物貸款問題	15
未提供（交）不動產說明書	4
其他	76
合計	532

資料來源：內政部不動產資訊平台

買預售屋，有三大優勢

成屋所謂的「眼見為憑」，其實只看見了房子的外觀與裝飾材料，你能看見埋在牆壁中的線材與配管嗎？看得見鋼筋的粗細與搭接方式嗎？還有，你看得見防水材塗佈的高度與厚度嗎？

再來，「眼見為憑」意味著房子已經蓋好了，等到此時才發現客廳太大、書房太小，不符合使用需求，你也只能摸摸鼻子，在室內裝修時另外花錢將舊隔間打除，重新依需求隔間。

而相對成屋的這些缺點，預售屋有以下三大優勢：

1. 房價給付較為彈性。

2. 可以配合需求辦理「客變」。

3. 可以實際監督工程施作。

優勢 1　房價給付較為彈性

　　房價給付較為彈性的優勢，並不是指預售屋可以讓房屋總價降低，而是不像購買新成屋，在簽約後一至二個月內，就必須備妥全額的自付款。

　　購買預售屋該付的自備款，可以在工程執行的一年至二年內，分階段給付，常見的狀況區分為：簽約金、開工款、地下室完成、結構體完成上樑，及交屋等幾個階段。也因為如此，買方在資金調度上，存在比較寬鬆的給付彈性。

優勢 2　可以配合需求辦理「客變」

　　因為預售屋賣出時房子還沒蓋好，所以不影響整體結構及使用安全的部分（如房子的內部隔間、裝修材質等），建商通常會允許購屋者依自己的需求進行變更，這也就是俗稱的「客變」。如果購屋者已經規劃好未來愛屋的室內空間配置，就可以依此需求，請建商配合調整隔間位置、裝修材質，甚至是插座、弱電配置位置等等。

但要請各位購屋朋友注意的是，因為客變而增添的建材及工項，成本必須由購屋者自行負擔；但因此減少的建材及工項，同樣也要從原先的房屋總價中扣除。換句話說，建商應該依照購屋者的需求，做出一張類似表 2 的「客變明細表」。

表 2　客變明細表

工程項目	單位	數量	追加單價	追減單價	複價
追加部分					
電力插座	個	5	700		3,500
網路出口	個	2	900		1,800
廚房 60×60 拋光石英磚	坪	1.2	3,000		3,600
小計					8,900
追減部分					
廚房 30×30 磁磚	坪	1.2		2,000	2,400
小計					2,400
總計					6,500

啊，每次看到這個頭就昏了！

　　其實，只要依照「看圖說故事」、「有加就有減」及「上網勤訪價」的三個口訣，將明細表搭配簽約的圖說一起看，就能清楚知道你的愛屋變更了什麼東西喔。

你這樣說，還是有聽沒有懂！

　　好，舉個例子。以上表為例，所謂的「看圖說故事」，就是把你簽約的平面圖拿出來，先計算一下原本的插座及網路出口數量，再跟自己理想中的數量比較。如果增加的數量跟客變明細表上「追加部分」的數量一樣，就表示建商已經將插座與網路出線口放進工程。

　　「有加就有減」則是指，裝飾材質變更時，新的材料要用多少面積，相對舊的材料就應該減少多少面積。就如同上表中「60×60 拋光石英磚」的追加量 12 坪，會等於「30×30 磁磚」的追減量 12 坪。

　　至於「上網勤訪價」就是說，購屋者一定要在網路上搜尋相關建材的報價，以避免建商高報追加項目的單價，卻低扣追減項目的價格。

　　另外要提醒讀者，就算是購買預售屋，建商也不會是有求必應的神燈精靈，以下四種客變的要求，通常會被建商打回票：

1. 要求進行不合法的二次施工。
2. 要求增加的建材不在整個建案的建材表內，或者因為建材過於特殊，以致採購不易或單價過高。
3. 隔間調整影響建物結構安全，或與建築法規有所衝突。
4. 沒有配合建商施工期程，提出客變的時間太晚，欲調整的工項已經開始施作，或已經完成備料。

優勢 3　可以實際監督工程施作

　　預售屋是還沒興建完成的房屋，因此購屋者自然有機

會親眼看見建物所使用的建材尺寸、廠牌與施工方式，還可以直接拍照存證。以我自己為例，事先都會請建商告知鋼筋、電線、PVC 管、EMT 管、防水塗料等材料的進場時間，有空時便會到工地，親自看看這些材料是否符合契約所規範的品牌與規格。除此之外，**我還會要求，要安裝在我屋子內的馬桶、廚具、烘衣機、洗臉台等設備，一定要「經過我本人現場同意後才能安裝」**，以避免將來驗收時還要再花時間拆除不合契約規定的器具，影響遷入愛屋的時程。

這些施工中的查核動作，能幫助購屋者維護愛屋的品質，而也只有購買預售屋，才有可能「親眼」看見愛屋是怎麼蓋起來的。

哇，好像自己是柯南一樣耶！

是啊，在監工篇中還會再詳細介紹，該如何當自己愛屋的柯南，讓建商偷工減料的小動作無所遁形！

履約保證，不怕建商收錢落跑

　　至於許多讀者會擔心，預售屋建商會不會收了錢，卻在房子還沒蓋好時就倒閉或落跑！這問題在民國 100 年 5 月 1 日「預售屋履約保證機制」上路後，發生的機率就大大降低了。

　　「預售屋履約保證機制」就是建商在販售預售屋時，必須從「不動產開發信託」、「價金返還之保證」、「價金信託」、「同業連帶擔保」與「公會連帶保證」等五種履約保證機制中，擇一納入預售屋買賣契約，以維護消費者的權益。

哪種履約保證比較有保障啊？

　　在五種履約保證機制中，**以「不動產開發信託」及**

「價金返還之保證」，對消費者的保障較高。

「價金返還之保證」顧名思義就是，若預售屋的建商無法繼續興建，則承擔保證的金融機構，必須把之前已支付的購屋價金返還給消費者。

「不動產開發信託」則是由建商或起造人，將建案土地及興建資金，信託給金融機構或經政府許可的信託業者，執行履約管理。工程費用則由受託金融機構依照工程進度照實支付，也就是所謂的專款專用，並且規定建商於簽約時應將「不動產開發信託」的證明文件或影本，提供給購屋人。

有了這些第三方監督或保證的機制，將大大降低預售屋建商捲款潛逃的動機（因為無法一次把所有預付款都拿到手），而且就算建商真的因為營運不善而倒閉，第三方也必須依照保證機制，給予購屋者應有的補償，不會讓購屋者成為沒人理的孤兒。

Chapter 2

準備篇

購屋前的準備功課

想要買到理想家，
必須同時符合「家庭需求」與「經濟負擔」兩個條件，
本篇將從「購屋需求衡量表」，
教你分析出最適合家人的居住環境；
以及運用「35 / 35 法則」，計算出無壓力的房貸支出，
在雙重審視之下，絕對能讓你住得又舒適，買得無負擔！

家庭財務健檢：35/35 原則

買房子要符合自己使用的需求。許多人認為，買房子只要在乎「區位、區位、區位」；更有許多人認定，買房時要先區分「自用」還是「投資」，才能決定要如何選擇愛屋。然而依照我之前的經驗，這些說法都對，也都不對！

有哪個人不希望，自己的愛屋住個三、五年之後，在需要換屋時依舊能賣到好價錢？如果一開始就用二分法，把「自用」、「投資」一刀劃開，又怎麼能達成賣個好價錢的願望？

房子座落的地段當然重要，只不過一般大眾認定的「好地段」，不一定就是符合你需要的地段；建商口中的「好地段」，更不一定是消費者眼中的「好地段」。至於需求部分，許多人都知道要將「目前」的需求納入考量，卻很少有人考量到「未來」的需要。再說，若自身的各項需

求相互衝突時，又該如何解決？

　　錢不是萬能，沒錢卻萬萬不能。買房對一般人而言，都是筆龐大的金錢支出，房屋款項不太可能一次付清，所以需要搭配十年、二十年甚至三十年期的銀行貸款。換句話說，購屋這個決定，將會影響整個家庭未來至少二十年的財務規劃。也就是說，買房前務必確認，自己的經濟能力有沒有辦法負擔這樣的長期抗戰。

　　說得那麼籠統，到底要怎樣才算是『有能力』？

　　還記得前言提到的 35/35 原則嗎？這是購買房地產前必須做的家庭財務檢驗：

規則 1　手上存款大於房屋總價的 35％。

規則 2　每月貸款支出小於家庭收入的 35％。

規則 1   自備款至少要有房屋總價的 35%

不會吧，這樣的要求也太嚴格了，房地產開發商不是
說：『頭款 10 趴，輕鬆成家』？」

　　依照臺灣房地產的交易慣例，簽約金通常是房屋總價
的 10% 沒錯，但別忘記了，結構體施工 [2] 時也要付款、交屋
時要給一筆尾款，另外還有瓦斯管線配接費等雜七雜八的
費用，零零總總大概也會付到房屋總價的 20%～ 25%。

　　等到房屋點交後，又要買冷氣、冰箱、洗衣機、電視
等家電，還有沙發、書桌、櫥櫃、窗簾等家具；再奢侈些，
還得找個室內設計師來做整體空間規劃與施工。

　　為了讓「房子」變成「家」，這些全部都需要用到錢，
這裡所訂的 35% 已經算是很寬鬆的標準；若再考量家庭需

---

2 結構體施工係指建築物由地基開挖起算，直到整棟建物主體結構全數完竣的這
　段施工期間。預售屋建商通常會配合結構體施工進度，向購屋者收取費用，如
　完成一樓結構體時，繳交購屋總價之 5%；結構體全數完工上樑後再繳納總價的
　5%。當然，目前市面上也有標榜施工期間零付款的建案，因此預售屋相關的付
　款條件，應於購屋契約中清楚明訂，以避免爭議。

要留存一些應急基金，那麼購屋前手頭上的現金比例，應該要拉到房屋總價的 40％以上，才能讓未來的生活更有保險。

明明銀行就能承作房價 7 成甚至 8 成以上的貸款啊？

是的，只要不是套房物件[3]，的確可以找到銀行願意承作總房價八成的貸款專案，甚至可能到八成五。但房貸是一筆長達二十年的財務支出，自備款給的越少，將來的財務負擔就會越大；況且房貸償還時間越長，未來可能遇到的財務變數也越高。

「會有哪些財務變數？」

---

3 多家銀行對套房產品的規定是，「北市以外區域，若主建＋附屬建坪數小於 15 坪」，即認定為套房，而對於套房貸款的成數即為鑑價金額的 6 成〜7 成 5 之間，且利率將比一般房屋貸款略高（2.3％〜3.5％之間）。

第一、銀行升息；第二、收入降低；第三、家庭其他支出
上升。

　　圖 2-1 為臺灣五大公營銀行（包含：臺灣銀行、合作金
庫銀行、土地銀行、華南銀行以及第一銀行等），自民國 83
年 7 月至 102 年元月的平均房貸利率趨勢圖。

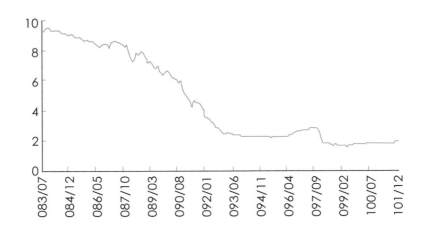

圖 2-1　五大行庫平均房貸利率趨勢圖

資料來源：內政部不動產資訊平台

你看你看，房貸利率一路下滑啊，這表示現在貸的越多，未來還的越少！

對，如果你是在民國九〇年以前，貸款利率高於6%的時候買房，貸款負擔的確是下降的；但請問你，現在有可能回到民國九〇年去買房子嗎？

那擺這張圖有什麼意義？

首先，自從民國98年2月房貸利率跌破2%迄今，房貸一直維持在這樣的低檔，而這樣低利率的環境，也成為許多消費者當時進場買房的考量因素之一。但圖表也告訴我們，利率再也跌不下去了！

表3為臺灣銀行103年元月底時的各類存款利率，一年期定存利率雖然也處在1.37%～1.40%的歷史低檔，然而銀行也是要賺錢的，當銀行需要為存款支付1.4%的利息時，請問房屋貸款利率還能再降到哪去？

表 3　臺灣銀行 103 年元月底存款利率彙整表

類別	期別		機動利率（年息%）	固定利率（年息%）
定期儲蓄存款	三年	一般	1.445	1.470
		五百萬元（含）以上	0.590	0.620
	二年~未滿三年	一般	1.395	1.425
		五百萬元（含）以上	0.560	0.580
	一年~未滿二年	一般	1.370	1.380
		五百萬元（含）以上	0.540	0.550
活期儲蓄存款利率			0.33	
定期存款	三年	一般	1.395	1.425
		五百萬元（含）以上	0.590	0.620
	二年~未滿三年	一般	1.370	1.400
		五百萬元（含）以上	0.560	0.580
	一年~未滿二年	一般	1.345	1.355
		五百萬元（含）以上	0.540	0.550
	九個月~未滿十二個月	一般	1.230	1.240
		五百萬元（含）以上	0.480	0.490
	六個月~未滿九個月	一般	1.115	1.125
		五百萬元（含）以上	0.445	0.455
	三個月~未滿六個月	一般	0.940	0.940
		五百萬元（含）以上	0.400	0.400
	一個月~未滿三個月	一般	0.880	0.880
		五百萬元（含）以上	0.350	0.350

資料來源：臺灣銀行

　　實際上，五大公營銀行的房屋貸款利率，已經由 99 年 5 月低檔的 1.62％，悄悄攀升到 102 年 10 月的 1.95％。考量到 QE 量化寬鬆政策退場，以及臺灣即將升息這兩大因素，我認為平均房屋貸款利率在民國 103 年，就會穩穩站在 2％的關卡之上。

> 哇！聽起來有點恐怖，利率漲 0.5％，每個月的房貸就得多繳個幾千塊耶！

　　沒錯，這也就是為什麼我會把「自備款要到達房屋總價的 35％」，列為財務健檢的第一個標準。

規則 2　每月房貸支出不能超過家庭收入的 35％

　　過了第一關，接下來就要檢視第二關——每個月房貸支出不可以超過家庭收入的 35％。

報告，有問題！既然將來的房貸利率有可能上升，那麼在計算房貸價格的時候，要將利率設定在多高？

很棒的問題，因為現在環境的利率處於低檔，將來利率上升的機率遠高於下跌，因此我建議，以「買房當時的五大公營銀行平均貸款利率，再加上 1%」，做為財務評估的基準。

當然，如果想要更保守一點，則可設定為五大公營銀行平均貸款利率加上 1.5%～ 2%，應該就能涵蓋未來可能面臨的升息衝擊了。

接著就以下面的例子來示範，如何計算出家庭的每月房貸支出：

首先，102 年 2 月底平均房貸利率為 1.95%（可以到「內政部不動產資訊平台」查詢：住宅統計—價格指標—五大行庫平均貸款率）。

因此設定的房貸利率：1.95％＋1％＝2.95％

假設你已經有了自備款 400 萬元，根據自備款占房屋總價 35％以上的條件，可以購買的房子總價最高為 1,100 萬元，因此還需要向銀行申請 20 年期房貸新台幣 700 萬元。

再來計算每月應付本息金額的平均攤還率

$$= \frac{\{〔（1 ＋月利率）^{月數}〕× 月利率\}}{\{〔（1 ＋月利率）^{月數}〕－ 1\}}$$

（月利率＝年利率／ 12；月數＝貸款年期 ×12）

最後每個月的貸款支出金額

＝貸款本金 × 每月應付本息金額之平均攤還率。

這樣計算太麻煩了，我連計算機都不會按，有沒有更簡單的計算方法？

　　麻煩的事情就交給 Google 大神解決！只要在網路上搜尋「房貸利率試算」，馬上就會跳出一堆試算網頁，圖 2-2 為使用高雄市政府地政局的試算網頁（http://eland.kcg.gov.tw/Land/item6/m6-3-4.aspx），輕鬆就能算出每個月房貸負擔為新台幣 3 萬 8,647 元整。

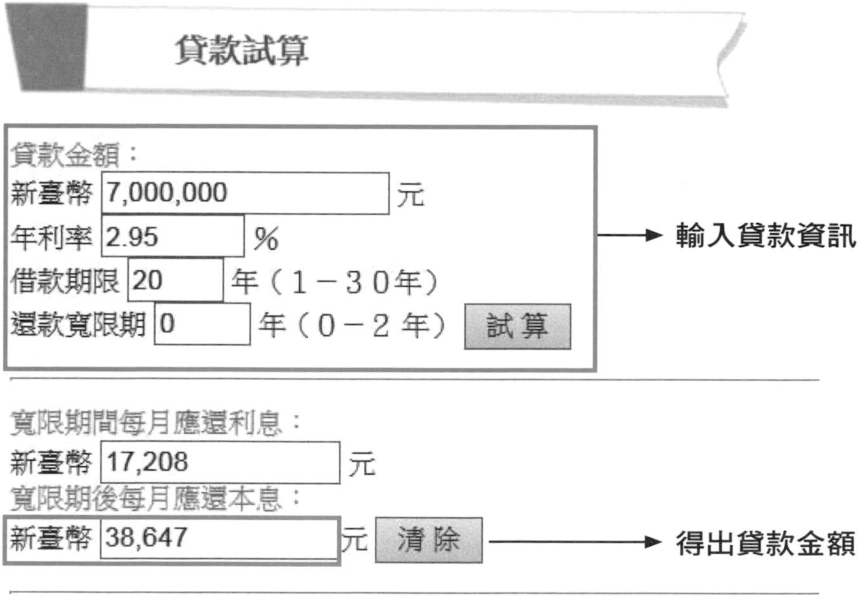

貸款試算

貸款金額：
新臺幣 7,000,000 元
年利率 2.95 ％
借款期限 20 年（1－30年）
還款寬限期 0 年（0－2年）　試算　　　　　→ **輸入貸款資訊**

寬限期間每月應還利息：
新臺幣 17,208 元
寬限期後每月應還本息：
新臺幣 38,647 元　清除　　　　　→ **得出貸款金額**

圖 2-2　房貸試算

　　最後把每月房貸支出 38,647 元 ÷35％ ＝ 11 萬 420 元整。

　　也就是說，想要買下這棟總價 1,100 萬元的房子，你們家庭的每月收入要高過 11 萬 420 元整，才能符合規則 2 ——每月貸款支出金額小於家庭收入的 35％ 的原則。

　　購屋是為了讓生活更加穩定舒適，而不是為了背負沉重的房貸。因此購屋前一定要用 35/35 財務健檢原則，來設定最高的買屋總價上限，而且所有後續的選房挑屋，都不能逾越這個總價的天花板，唯有穩健的財務狀況，才是未來搬進愛窩後，還能保有舒適生活的重要屏障。

🏠 **Hint**

❶ 牢記家庭財務健檢的 35/35 原則，就不會成為被貸款壓的喘不過氣的屋奴：
1. 手上存款大於房屋總價的 35％。
2. 每月貸款支出小於家庭收入的 35％。

❷ 現在利率處於低檔，代表未來升息的機率將會大增，因此在預估房貸金額時，請務必把升息的因素考量進去。

別買在最高點！

可是現在房價那麼貴，如果找不到符合 35/35 原則的
房子，那又該怎麼辦？

臺灣目前的房價的確已經來到歷史新高點——民國 102
年第二季台北的房價所得比高達 12.4 倍。這數據不僅代表
一個家庭想在台北買一棟房子，必須不吃不喝 12.4 年才能
如願，更遠遠超過世界銀行認定的五倍合理值。而這樣的
數字清楚反應，臺灣房價漲幅遠遠超過人民所得的增幅；
也間接證實了，臺灣地區房價的高漲，背後並沒有等幅的
實質經濟成長及收入來支撐。

圖 2-3 是依據每十年一次的臺灣居住普查，所得之空屋
實際數量，以及所換算出的空屋率。依據最近一期民國 99
年的調查結果，全臺灣的空房子已經超過 155 萬戶，空屋
率則由二十年前的 13.3％，成長逼近至 20％。

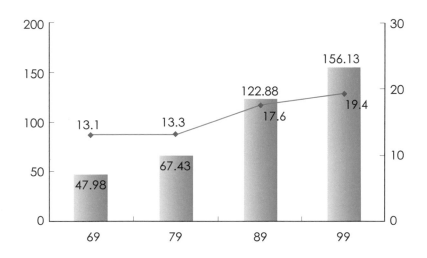

圖 2-3　近三十年之臺灣空屋率

　　表 4 則為五大都會區空屋比率統計。除了台北市外，其他臺灣主要都會區的空屋率都已接近 20％的高檔，顯示臺灣的空屋遍佈全台。

表 4　臺灣五大都會區空屋比率

	99 年空屋率（％）	89 年空屋率（％）
台北市	13.4	12.2
新北市	22	17.4
台中市	21.1	20.9
台南市	19.6	16.2
高雄市	17.6	15.9

資料來源：行政院主計處

　　五大都會區的空屋率全都呈現上揚格局，顯示民國 89 年至 99 年間，五大都會區的住宅供應量，均大於居民的實際需求。臺灣的房市泡沫，在房舍建設供給過多之下逐漸累積。

　　我並不建議在房價處於高檔震盪及空屋率攀高的現在，為了買一棟房子而讓家庭承擔過重的經濟負擔，更不希望讀者成為背著沉重貸款壓力的「屋奴」。如果讀者的經濟狀況無法負擔目前的高房價，又沒有辦法與父母同住一個屋簷下，租屋應該是過渡時期的最佳替代方案。

租屋，不是把自己的錢，拿去幫房東繳房貸嗎？

如果每月繳的房租跟房貸的金額相近，的確沒必要幫房東繳房貸，問題是，目前的高房價讓購屋的房貸壓力大增。表 5 是我依內政部不動產資訊平台上的實際成交價格，換算出台北市各行政區 102 年元月公寓的每坪平均單價。

表 5　台北市 12 個行政區公寓房價統計

行政區	平均每坪公寓單價（萬元）
士林	46.4
大同	37.7
大安	59
中山	51.3
中正	56.6
內湖	39.6
文山	34.2
北投	35
松山	52.2
信義	59
南港	40
萬華	33.7

資料來源：依內政部不動產資訊平台之實際成交價格換算

　　若想在台北的士林區買棟 30 坪的公寓，需要 1,392 萬元，依照 35/35 原則，買房者除了要準備至少 490 萬的自備款，每個月還要繳 4 萬 5,317 元的房貸——表示家庭的每月收入要在 12 萬 9,477 元以上。這樣的財務水準，已經超過一般雙薪家庭所能負擔的上限。

　　同一時期台北市各行政區的每坪租金單價，則如表 6 所示。在士林租一間 30 坪的公寓，每月的租金為：934 元 ×30 坪＝ 28,020 元整，整整較購屋貸款 4 萬 5,317 元少了 1 萬 7,297 元。

　　況且，這還是在符合 35/35 原則下購屋的試算結果，若是直接貸房屋總價（1,392 萬元）的八成，則每個月的房貸負擔就會高達 5 萬 6,042 元，比租屋整整貴了一倍（多繳了 2 萬 8,022 元），顯示現在台北市的狀況是：租金最多只能拿來繳一半的房貸而已！

　　再說，租屋者還可以選擇坪數較小的標的，如此一來，每月的租金支出與房貸間的差距，只會越來越大！

表6　台北市 12 個行政區公寓租金統計表

行政區	每坪租屋單價（單位：元）
士林	934
大同	890
大安	1,028
中山	999
中正	961
內湖	714
文山	589
北投	638
松山	937
信義	924
南港	777
萬華	654

資料來源：臺灣租屋網

　　此外，依據房地產網站 Global Property Guide 針對全球 94 個重要都市所做的房價租金比調查，台北市以 64 倍「榮登」世界第一。房價租金比的計算公式是「房屋總價格／年租金」；換句話說，在台北市買下一棟房子所需的錢，可以用來租同樣大小的房子長達 64 年。

各位讀者朋友請想一想，您及身邊的朋友，可曾有過在同一棟房子居住超過 60 年的經驗？有房子的朋友也可以想一想，您的愛屋在居住幾年後，開始出現油漆剝落、牆壁髒污、櫥櫃變形甚至漏水等，影響居住品質的問題？將 64 年的房租繳給銀行，卻只能享用約 20 年左右良好的屋況，這樣的交易真的值得嗎？在如此高房價的當下，押上全副身家硬要買房，真的好嗎？

可是房貸繳完了，房子是自己的，租金繳出去就沒有了！

請問，難道每個月多繳的 2 萬 8 千多元都不是錢嗎？這些錢可以拿去投資股票、共同基金，賺取資本利得；可以投資自己學習專業技能，提升職場競爭力及薪資報酬；可以帶家人出國，擁有難忘的快樂回憶，即使拿去存銀行，多少也能領 1.37％的利息。用在繳房貸不也是噗通一下就沒有了？

其次，在房價處於歷史高點邊緣、房價所得比與貸款

負擔率都創歷史新高的現在買房,將來還有誰有能力,用更高的價格接手您的房子?況且現在存下來的錢,也可以當作未來房價修正後買房時的自備款,讓自己能在符合 35/35 原則之下,輕鬆擁有自己的愛屋。

我再次強調,買屋是為了讓自己與家人的生活更為安逸與舒適,而不是成為拖垮家庭經濟的鎖鍊。在租屋期間多多累積購屋基金,才不會在高房價反轉時,成為被房貸綁死的屋奴。

查詢實際成交的歷史價格

　　因此，買家一定要透過網路，查詢欲購買房屋附近的實際成交價，而且要把所有能翻的歷史資料全查出來。

　　這麼做，一方面可以透過房價的趨勢及成交數量，來判斷這個區塊是處於供不應求還是供過於求。另一方面也可利用過去的房屋成交價，來推估賣方可能的買進成本。

　　我知道，可以去內政部查詢房屋買賣的實際成交價格！

　　很聰明，以下就為各位介紹如何使用內政部不動產資訊平台。

第一步 在 Google 或其他搜尋平台鍵入「內政部實價登錄」或「內政部不動產資訊平台」。

第二步 點選第一個「內政部⋯不動產交易實價查詢服務網」。

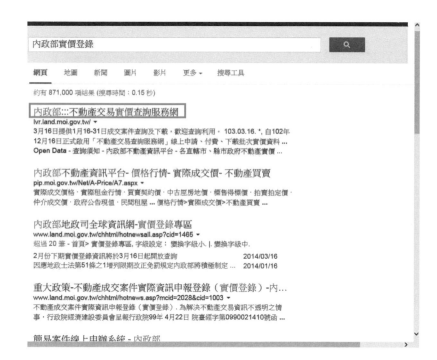

第三步 點選首頁左上方的「不動產買賣」。

第四步 　輸入畫面中的驗證碼後，按「確認」。

第五步 填入縣市區域（您想住哪裡？）、建物型態（哪種型態最符合您的需求？）及交易期間（建議用最新一個月的實際成交價來平均）後，按「搜尋」。

有個問題，內政部不動產實價登錄系統只能查到最近兩年的價格！

其實，內政部地政司全球資訊網內有另一套查詢系統，可以列出自民國 89 年迄今，所有房地產成交價格的相關資料，以下就一步步教各位如何使用它。

第一步　在 Google 或其他搜尋平台鍵入「內政部地政司全球資訊網」。

內政部地政司全球資訊網

Google 搜尋　　好手氣

第二步 　點選「房地產交易價格」。

第三步　選擇欲查詢區域之相關資料。

第四步　查詢資料就出來囉！

房地交易價格簡訊查詢結果

臺北市/士林區/中山北路7段（民國101年第一季～民國102年第四季）
◎本文件列印時，印表機請採 A4 橫向列印

共有5筆資料 資料說明

民國	季別	街道名稱及範圍	路寬(m)	臨街關係	用途類別	構造種類	建築完成年月	移轉層次	總樓層數	土地使用分區	移轉土地面積(坪)	移轉房屋面積(坪)	總價(萬元)	單價(萬元)
101	二	中山北路7段 中山北路7段141巷1號至100號	6	裡地	公寓	鋼筋混凝土造	6508	3	4	住宅區	8.06	23.34	1150.00	49.27
101	二	中山北路7段 中山北路7段190巷1號至100號	8	裡地	公寓	鋼筋混凝土造	7603	5	5	住宅區	8.29	28.87	1260.00	43.64
101	二	中山北路7段 中山北路7段201號至300號	12	臨街地	公寓	鋼筋混凝土造	7304	1	5	住宅區	12.53	44.2	2680.00	60.63
101	一	中山北路7段 中山北路7段14巷1號至100號	8	裡地	公寓	鋼筋混凝土造	07704	5	5	住宅區	7.04	34.89	1550.00	44.43
101	一	中山北路7段 中山北路7段14巷1號至100號	6	裡地	公寓	鋼筋混凝土造	07311	5	5	住宅區	10.65	41.98	1353.00	32.23

本頁文件下載　本頁文件列印

這個網站能得知交易的時間、土地使用分區、房子興建日期等，想要查詢歷史價格區間，這絕對是買屋者的好幫手！

在這個查詢系統中，讀者會看到一些如「臨街關係」等的專有名詞，茲就這些特殊名詞解釋如下：

臨街關係：指房屋土地的座落位置與主要的進出通道。

1. 如果房屋的土地座落於路或街的相交處，這種土地稱為「路角地」。

2. 如果土地沒有兩面臨路，但係以路或街為進出的通道，稱之為「臨街地」。

3. 如果房屋土地係以巷弄為進出通道，稱之為「裡地」。

4. 如果前述三者情形皆不符合，則稱之為「袋地」。

簡單歸納，路角地就是座落在十字路口的意思；臨街地則是出入口臨街單條路或巷；裡地則是以巷弄為進出的交通動線；至於袋地實務上很少遇到，也建議不要買這樣的房地，因為很可能會有進出不便的問題。

用途類別：就是房子的分類，常用的用途說明如下：

1. 公寓：5 層樓（含以下）、無電梯之住宅。

2. 透天住宅：全棟單一門牌之住宅。

3. 店面（店舖）：1 樓或含 1 樓以上供商業使用。

4. 辦公商業大樓：供商業及辦公室使用。

5. 住宅大樓：11 層（含以上）、有電梯之住宅。

6. 華廈：10 層樓（含以下）、有電梯之住宅。

7. 套房：1 房 1 廳 1 衛之住宅。

構造種類：就是房子是用何種材料所建。鋼筋混凝土造，代表房子是用鋼筋混凝土做為構築的主要材料；加強磚造，則是以紅磚為主的建物。一般來說，鋼筋混凝土造的房子，結構強度較加強磚造為佳。

在此要特別提醒讀者，不要將一筆個案的買賣結果，當作整個區域的歷史成交價。最好由超過 10 筆以上的資料平均計算，才不會受單一或少數個案的交易價，影響整體結果。

萬一最近一個月份，附近區域只有一、兩筆成交價，怎麼辦？

此時可以適度放寬統計的時間區段（例如由一個月放寬至兩個月），直到實價成交件數超過 10 件以上。

然而，統計時間放寬越久，也會產生這樣的疑慮：當時的成交價格，是否能代表現在的價格？因此，這裡建議最多以最近半年的資料來做統計即可。如果讀者還想瞭解位處區域的房價趨勢，也可以逐月統計房屋的平均成交價後，再相互比較即可。

Hint

利用 35/35 原則，找出自身能負擔之合理房價，再用「內政部地政司全球資訊網」、「內政部不動產資訊平台」查詢十年內的成交房價，區域行情盡在手中。

判斷開價是否合理

如何利用之前的成交行情，來判斷賣方的開價是否合理？

下列兩個標準，來比對賣方開價是否合理：

1. 開價不能高於 35/35 原則所算出可負擔房價的 20％。
2. 開價不要高於市場行情的 30％。

雖然說買方可以藉由撮合的方式（也就是討價還價）來達成降價的目的，然而賣方把價格開得那麼高，可以合理推斷賣方並不急於將房屋變現，也代表著賣方認為自己的房屋價值，遠高於市場平均行情。在這樣的情況下，要把成交價砍到買方希望的價位並不容易。

況且在全球資金氾濫、臺灣依舊處於低利率環境的大前提下，賣方持有房屋的利息成本並不會太高，因此除非那棟房子非常符合買方的需求，不然我不建議將其納入可購買的選項內。

咦，使用需求？房子不是只要買得越便宜就越好嗎？

當然不是，請想像一下，一個剛新婚的甜蜜小家庭，與三代同堂的大家族，兩個家庭對於房屋的坪數大小、鄰里環境及厭惡設施等需求自然會不盡相同。

同樣的，對一個每日開伙的家庭而言，傳統市場是絕對必須的條件，但對於另一個餐餐外食的頂客家庭而言，傳統市場則是環境髒亂與吵雜的代名詞。

因此，釐清自己與家人對房子的真正需求，才能把錢花在刀口上，買到讓全家人都按讚的好屋。

如何找到我的「理想家」

前面介紹了家庭財務健檢的 35/35 原則，以及如何利用「內政部不動產交易實價查詢服務網」及「內政部地政司全球資訊網」，查詢特定區段的房屋歷史成交價格，還有該如何初步衡量房屋賣價是否合理。接下來就要為讀者介紹，怎麼樣找到適合自己及家人的「好區位」！

找出家庭成員對「家」的需求

每個家庭對於「家」的需求都是獨一無二的，因此在踏進購屋市場前，務必先召開「家庭會議」，充分瞭解各個家庭成員對「家」有什麼不一樣的想法與渴望。

> 可是每次開會，大家也都只會提些籠統的建議，比如說
> 希望上下班近一些、通風採光好等等，這樣還是不知道
> 怎麼選房子啊。

那我們就把購屋可能要考量的事項，先「分門別類」整理好，開會時就能「逐項討論」了！

我怎麼知道有哪些細節需要討論？

別急，以下是我整理出，應該要納入家庭會議討論的購屋細節，分別說明如下：

1. 經濟狀況：依 35/35 原則計算出家庭所能負擔的房價天花板價格。

2. 房屋本體：通風、採光、安寧程度、格局及坪數大小。

3. 鄰里環境：社區規模、上下班距離、醫療資源、生活（採

買）機能、教育資源（含學區）、治安及防火機能、停車
機能、休閒機能，以及其他家人特殊需求。

4.厭惡設施：寺廟、變電所、高壓電塔、捷運及公車車站、
特種行業、小吃店及其他特殊厭惡設施。

5.時間遞延：家人成員十年間是否會有重大改變？經濟狀
況是否會有變化（包含是否會有可預期的大筆支出）？
房子的後續處置方式？社區公共設備十年間是否可能需
更新？

　　以下就逐條剖析上述各分類的內涵與應注意之事項。

1. 經濟狀況：

　　「自備款至少要有房屋總價的 35％」及「每月房貸支
出不能超過家庭收入的 35％」的 35/35 原則，是購屋務必
遵守的財務「天條」。

　　我建議所有想購屋的家庭，還要將未來 10 年～ 15 年
內，還有哪些可能的大筆支出（超過每月收入 10％的支

出）納入財務規劃，例如兒女 10 年後的大學（研究所）教育或留學學費、可能的購車費或二度蜜月等的費用。別讓購屋成為拖垮整個家庭生活品質的罪魁禍首。

2. 房屋本體：

(1)通風及採光：一般而言，如果不是邊間、獨棟或者一層一戶的大坪數房子，三面開窗的房子是可遇而不可求的。因此購屋者可優先考量雙面採光的房屋，若僅有單面採光，對流效果不佳，夏日很可能需要整日開啟空調，而且一定會有部分空間的自然採光不足。

此外，所有浴廁都應該要有對外窗，因為浴廁的濕度很高，自然的通風對於維持浴廁的整潔舒適，有著決定性的影響。還要注意不要在正對著東、西方向開窗，不然臺灣充足的日照，會讓您的家人每天都必須「早睡早起」，無法「賴床補眠」。

(2)安寧程度：房子盡可能選在鄰大馬路（車輛交通要道）的第一巷內，而且千萬不要向著大馬路及公眾交通站開

窗。我之前曾去捷運站附近看過幾個建案,那個建案的客廳有一側窗戶正對捷運車站的方向,晚上我去看屋時,縱使建物與捷運站間隔了好幾棟房屋,捷運進出站及主要馬路幹道的車聲,依舊清晰可聞。後來我選擇另一側背對捷運車站,鄰小巷弄的房子,晚上都能開窗睡覺,不受噪音干擾。

目前我租賃的三房華廈,有兩個房間分別朝著捷運站與大馬路開窗,一樣會有噪音的問題,而臨防火巷的第三房一樣有開窗,卻完全不會有噪音擾人的問題。千萬不要相信房仲說的「習慣就好」的話術——記住!安靜絕對是居住品質的首要考量。

(3)格局及大小:房屋越方正,表示犄角空間越少,能利用的空間也越多。況且越方正的屋子,通常其結構力量傳遞效果越佳,當地震等外力影響時,比較不會因為力量傳遞不順,產生局部結構體扭曲破壞的現象,在結構上也較為安全。

至於室內坪數大小,多半的家庭應該會選擇在可負擔的

財務狀況下，獲得最大的室內使用空間。我以為，只要成員對於將來家庭清潔任務會更沉重這件事沒有異議，那麼室內空間自然是越大越好。

3. 鄰里環境：

(1)社區規模：基本上，500戶以上的大建案，大多存在管理不易及價格容易鬆動等先天上的劣勢，購買前務請三思；只不過，低於50戶以下的建案，每戶每月所要負擔的管理費也會加重。因此我建議，**適宜的社區規模應該在100戶左右，不要低於50戶，但也不要超過200戶。**除此之外，建案也不要有過多的休閒式公共設施，因為這些設施從開始興建到營運維護，用的全都是住戶的錢。因此，請先想清楚，您真的有那麼大的使用需求嗎？

(2)上下班距離：家庭成員如何上下班？坐捷運、開車還是搭公車？捷運及公車往來工作地點與愛家，需要多久時間（包含走路及等待的時間）？開車會不會遭遇上下班的尖峰堵車時刻（找停車位要多久時間）？往來公司間

有沒有第二條、甚至第三條替代道路？這些都是尋找愛屋一定要考量的交通細節。

在我看來，上下班的通勤交通時間單趟不要超過 1 小時，最好可以維持在 30 分鐘左右。上班已經是件不輕鬆的事情，若還要花超過 1 小時在回家的路途上，這樣的生活真的是太過辛苦。

(3)醫療資源：愛屋離最近的教學級醫院有多遠？附近有沒有值得信賴的家醫診所？以我的經驗認為，愛屋也需要與教學醫院保持不遠不近的距離，不需要近到開門就看到醫院，也不能遠到救護車 20 分鐘無法到達的距離（大約 5 公里～ 10 公里左右的範圍），特別是有長者或有親屬罹患特殊疾病的家庭，務必要將醫療資源納入購屋的考量範圍。最好愛屋附近還能有間評價不錯的家醫診所，能為家庭成員提供初步且立即的醫療診斷。

(4)採買機能 ：如果家中有開伙的習慣，那麼愛屋與傳統市場間的距離，以及傳統市場的營運時間（早市、午市或者黃昏市場，假日是否有開門營業），就必須納入購屋的

需求考量。如果家庭屬外食一族，那愛屋與夜市、餐飲聚落、大賣場與便利商店間的距離，將會對生活的便利性產生很大影響。不同的餐飲及生活習慣，就會有不一樣的採買需求，這是購屋前必做的功課之一。

(5)教育資源：十二年國教於 103 年 8 月正式實施，許多家長想必為了擠進明星高中的學區而頭疼不已，然而，若家中沒有近三年就要上高中的孩子，真的有必要為了卡位高中學區，花費較高的房價及付出更多的通勤時間嗎？

我通常會建議，購屋時可將孩子未來 3 年～ 5 年的學區分配納入需求規劃。其次，教育資源與學區並非等號，愛屋附近有沒有圖書館、博物館、展覽館、大學校區及文創藝文中心？這些都是除了學區以外的重要教育資源，值得家長納入教育資源需求中一併考量。

(6)治安及防火：愛屋不能離派出所與消防局過遠，但也無須貼在一起。我自己高雄的老家旁就是消防分隊，夜半消防隊員出勤的警笛聲，就成為干擾安寧的噪音；至於派出所就在你家樓下，反而會有附近進出份子過於複雜的

負面影響。我會建議愛屋與派出所、消防隊間的距離，以 500 公尺以上、不要超過 3 公里為佳。

(7)停車空間：家庭需要幾個停車位？愛屋本身是否附設停車空間？是平面或機械停車位？附近有沒有其他公有或私設之停車替代空間？收費標準為何？附近巷弄可否逕行停放車輛？

(8)休閒機能：家庭成員最需要的休閒設備為何？附近有沒有家庭成員所需的公園、運動中心、游泳池、KTV、電影院、籃球場等休閒設施？營運或開放的時間為何？收費方式為何？如果購屋前就能清楚掌握家庭成員的休閒需求，就可避開休閒設備多而無用的建案，達到省錢與休閒雙贏的境界。

4. 厭惡設施：

會影響家人生活品質的公共設施，都可以稱為「厭惡設施」。若將厭惡設施細分，可分為以下四類型：

(1)對附近居住者身體健康有不良影響之設施，例如變電所、

垃圾掩埋場、焚化爐、高壓電塔等。在選屋時，對此種設施自然是能避則避、能閃則閃。

⑵對居住安全有不良影響之設施，比方酒店、工廠、加油站、瓦斯填充站（或桶裝瓦斯販售處）、KTV 等。購屋者在選購愛屋時，一樣必須秉持保持距離的原則。

⑶對居住安寧產生影響之公共設施，比如捷運車站、公車站、熱鬧商圈、夜市、學校校園等。此時購屋者家庭應該評估，靠近該設施的好處，是否大於對生活安寧的影響。舉例而言，若全家皆以捷運做為上班及上課的主要交通工具，或許選擇離捷運較近，但又不直接面對捷運車站的房屋，既能維持交通的便利性，又可以降低噪音對居住安寧的影響。又若家人都習慣早起，那麼校園鐘聲對居住安寧的影響就不大，選屋時就能靠近學校校園，利於使用跑道、籃球場等運動設備。

⑷影響居住者心理舒適度之設施，例如寺廟、墳墓、殯儀館等。此類型設施對生活品質的影響相當極端，就看「信者恆信，不信者恆不信」。若家人對於信仰有所堅持，自

然要避開上述會讓人「不舒服」的設施，然而若家庭成員並無此顧忌，這類設施反而能成為有力的殺價原因。

5. 時間遞延：

買房子絕對是家庭的大事，除了房價高的財務因素外，家族成員往往會在房子內居住十年以上。換句話說，買屋時也要考量到，家族成員的需求是否會隨著時間而產生變化。以經濟狀況為例，家庭的主要收入來源十年內是否穩定？十年是否有購車、留學等預定之大筆支出，預計額度又是多少？是否會致使家庭的經濟狀況惡化，以至無法再符合 35/35 原則？再以上下班之便利性為例，若家庭成員於不久的將來就要退休，或許避開捷運站等吵雜設施，才是選屋的上策。買屋雖然不是一輩子的事情，但也會持續影響生活達數十個年頭，購屋時也請將時間因子一併納入考量，方能找出真正適合自己與家人的愛巢。

製作家庭的購屋需求表

要符合那麼多條件，豈不是找死人了？

　　我要在此強調一點，我可沒說全部條件都要符合才能買房，不然可能找了一輩子都沒個落腳處。以我自己的經驗來說，我會將上述選屋的條件，製作成下方的購屋需求衡量表。不同的家庭可以針對不同需求，設定各個分項不同的權重分數（家庭成員認為越重要的項目，權重分數就越高），再來為每個建案打分數；分數最高者，就是經過綜合評量後，最適合您與家人的房子囉。

表 7　購屋需求衡量表範例

評分項目	單項總分	單項得分	評分說明
經濟狀況			
房屋本體			
鄰里環境			
厭惡設施			
時間遞延			
總分			

使用說明：

1. 各評分項目之「單項總分」，取決於每個家庭對「房屋」的不同需求，建議可在總分 100 分的額度內分配。

2.「評分說明」欄位可以填寫每個建案在不同評分項目中的「重點表現」，例如「經濟狀況」的評分說明可能會註記：房價較低、貸款僅占每月收入之 20％。「房屋本體」項目則可能是：兩面採光、浴廁均有對外窗等。方便購屋者回憶建案之優缺點。

3.「有圖有真相」。可以的話，請將預售屋的樣品屋及成品屋的重要部分拍照留存，便於家庭成員在評分時更有「臨場感」。

準備篇

購屋前的準備功課

其他要留意的選屋原則

> 哇！原來怎麼幫自己和家人挑棟適合的房子有那麼多的
> 學問。還有沒有其他的選屋原則需要留意？

原則 1　好建商是好品質的保證

　　我相信，許多讀者在購買商品前，都會仔細蒐集相關
商品的資訊，瞭解各品牌間的性能、外觀、價格、售後服
務及贈品的差異，也會向親友、網友詢問該商品的使用評
價。不管這商品是數十元的牙膏、報紙，或是數十萬元的
電腦、電視、電冰箱。然而，買房子是筆高達七位數以上
的巨額採購，卻很少聽過買房者去關心，這房子是由哪個
建商負責施作？這真的是十分弔詭的一件事。

有什麼關係，反正房子蓋出來就在那邊啦，看得到也摸得到。

　　關係可大囉，蓋房子其實是件非常專業的大事，不然為什麼施工圖說需要建築師、結構技師、機電技師簽證，還要由符合「營造業法」的專業營造商負責興建？況且，完工後看到的都是表面的裝修材，購屋者可看不見埋在牆壁內電線的線徑與廠牌、配管的材質與方式、鋼筋的號數與綁紮方式、浴室內防水材材質與施作高度……而這些看不見的部分，才是影響施工品質的關鍵！

哇！那麼可怕啊，那該怎麼辦？

　　我會在後面的「簽約篇」及「監工篇」兩個章節中，詳細介紹如何在簽約、現場施工勘查及驗收三個階段，檢驗愛屋是否符合契約所定的施工品質標準。但我向來認為，

若能在購屋時，就堅持選擇由好建商所蓋的房子，會是個事半功倍的好方法。

那要如何選擇好建商？

我認為，可以用刪去法，將有下列狀況的建商摒除在愛屋的選擇名單外：

1. 打帶跑的一案建商。
2. 沒有官網的建商。
3. 曾經與住戶發生糾紛的建商。
4. 沒有加入「建築開發商業同業公會」的建商。

建築是一門高深又繁複的學問，如果建商沒有長年累積的經驗及雄厚的資本，根本不可能蓋出好房子。然而臺灣迄今依舊尚未建立營建商的評鑑機制，加上許多人認為營造業的利潤極高，只要房地產的景氣好轉，營造業就

如雨後春筍般出現，這其中不乏成立之初，就想要「打帶跑」的一案建商。姑且不論這些建商是否具備興建房屋的專業知識，光是這種「撈一票」的投機心態，就很難讓人相信，這樣的公司會有多少「職業良知」。

除此之外，還有許多的一案建商，是因為之前的建案衍生出的購屋糾紛太多，建商為了規避保固、賠償及法律責任，不是更改公司的登記名稱，不然就乾脆解散公司，反正換個名字，三個月後又是一條好漢。

建商究竟會做到多誇張？

在民國 94 年時，曾有一位購屋者花了約新台幣 2,000 萬，想在台北市買一棟 40 坪的房子，結果在簽約後看到房屋平面圖時，才發現自己買的 40 坪豪宅中，超過一半的面積是屬於大樓的公共空間，如汽、機車停車位等。換句話說，有超過一半的房屋面積全是違建！

購屋者心有不甘，找來市議員陳情，然而建商卻從頭

到尾避不見面。經深入追查後才發現，原來這家建商的負責人只要每推出一個建案，就設立一家新的建設公司，待建案售出就收掉公司。無良建商用這種一屋一公司的方式，讓購屋者遇到爭議卻無從求償，因為推出建案的公司法人已經倒了，自然就沒有可以訴訟或追討的對象。

這個案例可以清楚的看到，當政府尚未強迫建立預售屋保證機制前，有多少惡劣的一案建商，利用消費者對於建築法規的陌生，以及濫用對於專業形象的信任，誆騙消費者盡量多掏錢。不但簽約時沒有讓消費者看到平面圖，竟然還欺負消費者不懂建築相關法規，將大樓的公設空間拿出來再賣一次，東窗事發後再擺爛倒閉捲款潛逃。

不過這樣的問題，在民國 100 年 5 月 1 日《預售屋履約保證機制》上路後，基本上建商想要捲款潛逃的機率就大大降低了（詳細內容可參照觀念篇——履約保證，不怕建商收錢落跑）。

同理，一個連官網都沒有的建商，很難讓我相信，這家建商會有「永續經營」的決心，與「維持品牌」的毅力。

為避免淪為一案建商的受害者，我會建議各位直接忽略這類建商所建的房子。

　　確認建商不是一案建商後，接著就有請 Google 大神，對這家建商做個「身家調查」，看看這建商過去推出過什麼案件、查詢這些案件有沒有發生糾紛。再將建商的大名，打到「公平交易委員會」、「司法院」及「消基會」等相關網站，搜尋這家公司之前是否發生過民事、刑事案件，是否有廣告不實及其他的購屋糾紛。過去紀錄不良的建商，將來再犯錯的機率通常相當高，消費者實在犯不著拿未來的居住品質，來與建商是否會改邪歸正對賭。

　　雖然建商公會的成員，不一定會是好建商，但是不加入公會的建商，將不受建商公會的節制與約束，就更不可能是好建商。臺灣每個縣市都會有其建商公會，五都的建商公會都有自己的網站，消費者只要上網或打電話給公會，就能查詢建商是否為公會的會員。

　　在此我還要提醒各位一點，大財團旗下的建商或者頻

打廣告的建商，不見得就會是好建商。許多財團都會藉由創設「一案建商」的手段，來規避售屋後的保固責任及其他糾紛。至於廣告、請名人代言的成本，最終仍將轉嫁到購屋者的房價內。

此外，決定簽約買房前，請務必去該建商之前推出的建案附近晃晃，實際感受一下建案的空置狀況，以及公共設施的建築水準。如果可以的話，逛逛建案的公佈欄，看看有什麼住戶的抱怨或是設備損壞的消息；詢問管理員及住戶實際的居住經驗，就能更實際判斷建商施工品質的良窳。

原則2 天下沒有免費的休閒式公設

許多建案推出時，都會主打社區具有完善的公共休閒設施，如游泳池、健身房、中庭花園、圖書館、會客室及KTV室等。這種標榜可以讓住戶「足不出戶」就能享有度假休閒般的享受，乍聽之下的確很吸引人。然而就我個人的經驗，這其實是種看似免費享受、實則額外增加支出的

迷思。

　　銷售商在強打這些休閒公共設施時，沒有說出口的實情是——這些公共設施不是免費贈送的！全部都依照坪數，攤給所有購買房屋的消費者。換句話說，這些設備所需的建置成本，會攤在購屋者的公設比內。

　　如果一個建案的公設比35％，意思就是每位購屋者所出的房價裡，高達35％的錢，是和其他買方一起購買整個社區的公共區域與設備，公設裡當然包含緊急發電機、電梯、消防幫浦、防火逃生梯及梯廳等，生活必須或維護居住安全必須的空間。除此之外，休閒公設越多，就會讓整個建案的公設比往上攀升。

　　然而，問問自己，你實際使用這些休閒式公共設施的頻率究竟有多高？

　　這些公共設施在完工後，需要後續的維護及管理，然而每個住戶對於休閒性質的公共設施需求度不同，自然就會有不同的切入角度。以游泳池為例，喜好游泳的住戶巴不得每週都換水，以維持水質的乾淨與衛生；旱鴨子的住

戶就會嫌如此頻繁的換水，消耗的水費及電費成本過高。

再來，富麗堂皇的圖書館蓋好了，卻永遠只能放住戶不要的二手書及雜誌，畢竟很少有住戶願意從自己每個月所繳的管理費中，撥出經費買新書放在公共區域。還有，KTV室究竟能不能開放給住戶的朋友使用？需不需要額外收費？又要收多少錢？完工時漂漂亮亮的中庭花園，逐漸變成住戶寵物的天然廁所及蚊蟲滋生的溫床──因為每個月除蟲、割草也要花錢！

管理不善的公共設施，會成為居住品質與房屋出售時的減分項目。麻煩的是，除非你買進的是中古屋，不然你無法預知社區管委會能否正常且理性的運作！

可是我真的很喜歡游泳啊！

要吃雞蛋，一定要自己養雞嗎？如果讀者真的有某些特定的休閒需求，就把房子買在這些設施附近就好了！想游泳的人，就買在公設或私立的游泳池附近；愛打籃球的

人，就可以買在運動場或學校周邊；想要健身，除了私人的健身會所外，台北市每個區都有自己的運動中心；至於圖書館及 KTV 更是遍佈整個臺灣。更何況，上述許多資源還是免費的！所以我真的打從心底認為，實在無須為了這些可以輕易取得的休閒資源，每個月還得額外支付高昂的管理費用！

> **Hint**
>
> 想吃雞蛋不一定要自己養雞，休閒式公共設施可不是免費的雞蛋。

原則 3 別搶進「造鎮」大建案

在報章雜誌上常能看見許多 500 戶以上的「造鎮計畫」，美美的代言人搭配精緻的示意圖，的確很能抓住消費者的眼球。然而，像這樣的大型建案，卻存在著許多對消費者不利的潛在因子。

先來談談，為何建商會想要推出這樣有如造鎮計畫般的大型建案。若建商具備整合地主、取得大片土地，以及以土地為抵押向銀行貸款之融通能力，大型建案可以為建商節省相當多成本。

首先，建商可用以量制價的方式，大幅降低建材相關成本。其次，面積越大的土地，就能向銀行貸得更多資金，若再配合政府政策（如全台各地新市鎮的開發），更有機會以較市場優惠的利率取得貸款，減輕公司在資金運作上的負擔。最後，一個 500 戶的建案，最終的銷售額可能相當於同地段五個 100 戶的建案，但大型建案從規劃設計、申報建管程序、施工管理、完工申報到終端銷售，公司所需耗費的人力資源及管理成本，皆比數個中、小型建案為低。這也就是建商願意推出大型建案的背後誘因。

供給端將本求利，原也是無可厚非的事情，然而消費者是否也該盤點一下，這樣的大型建案真的比較適合自己嗎？

首先，營建商於取得、整合土地時，其資金往往只出

不進,是調度上最為吃緊的時候,而精華區的土地價格太高,且常會發生畸零地等土地不易整合的情況。為了避免土地整合階段的資金需求拖垮公司,這類型的建案,往往不會座落於都市的精華區(這也是帝寶之所以稀有的另一個原因)。

不是精華區也沒關係啊,精華區的房價也不是我們升斗小民能負擔的。

其次,這類型的建案常將大量且多元的休閒設施納入規劃,藉以吸引不同休閒需求的消費者上門(不然如何賣出 500 戶以上的空屋)。然而前面已經分析過,休閒類型的公共設施並不能算是房子的加分項目。換個角度想,如果消費者只是想使用 KTV 的旱鴨子,卻被迫一併買下了一座游泳池,還要負擔往後換水、消毒及聘請救生員的維護費用,這真的對消費者有利嗎?

人多就會嘴雜,大型社區的管委會往往很難辦事,因

為每個住戶的需求不盡相同。投資客希望管委會管制全部社區不能加裝鐵窗，以維持社區的美觀，保持賣相；自住戶則認為最好能將後陽台封起來，當成室內空間使用；兩人的年輕小家庭希望梯廳及逃生梯維持暢通；三代同堂的住戶則巴不得將所有鞋櫃、腳踏車、球棒，統統堆到公共區域，以增加室內使用空間。光是上述問題就夠管委會頭疼，就更別提游泳池該開放多久、KTV 是否該對外開放及開放的時間為何、中庭花園能否遛狗……等公共設施的使用歧見。

不同的需求就會有不同的使用意見，要尋求數百人的共同意見，無異是緣木求魚。就算最終表決過半達成協議，若購屋者的需求是屬於少數的那方，不就得強迫接受不利於己的管理規章？當管委會決定 KTV 可以免費開放至凌晨一點，卻苦了住在 KTV 隔壁的你，這樣的居住環境不是享福，而是受罪！

最後再由投資的角度來看：戶數越多，表示空屋的數量也就越多。以 500 戶的建案為例，就算繳出 90％的銷售

佳績，還是表示有 50 戶的房屋空置，這些積壓的空屋最終只能降價求售。當同一個社區內有空屋在跳樓大拍賣，該社區的房價還能維持高檔不墜？就算真的 100％完銷，只要社區內有 5％的住戶因為各種原因要出售房屋，你的房子一下子就多出 25 個售屋的競爭者。處在這樣供過於求的售屋環境下，你還能期待愛屋能賣到好價錢？

 Hint

（戶）數大絕對不美，別成為廣告迷惑下的購屋犧牲者！

原則 4　距離捷運要有點近又不會太近

台北捷運開通後，捷運沿線的房子好像都漲了不少，看來買房子應該要離捷運越近越好囉？

　　如果是十年前問我這樣的問題，我會回答：「是，能多

靠近捷運就多靠近捷運！」但現在，我對「離捷運近就是好」這樣的邏輯，則抱持保留的態度。

原因是，捷運車站多半是人流及商販匯集之處，且捷運營運時間都超過午夜零時，無論是人來人往的交談聲、公車進出站的引擎聲、捷運列車出站的加速聲及進站時的煞車聲與震動，都會嚴重干擾周遭住戶的安寧，大大影響你的居住品質。

我目前租賃的房子，就有離捷運過近的問題，晚間十點過後，在室內都能清楚聽見列車呼嘯而過的聲音。千萬不要相信房仲說的「習慣就好」——等你失眠的時候就知道了！

因此，請讓愛屋與捷運車站保持步行 5 分鐘～ 10 分鐘的距離，並且選擇看不見捷運的巷弄內。如此既可避開捷運與公車的噪音干擾，也可以免去往來捷運車站的鼎沸人聲。

如果**從投資的角度切入，我認為捷運的光環也正逐漸褪色中**，除了房價已然位處高檔外，最主要的問題在於，台

北捷運越蓋越多了。早年捷運路線不普及時,位在捷運附近的房子自然有「近捷運」的物以稀為貴效應。而這樣的稀有性,正隨著台北市日趨密集的捷運網,快速消散中。民國 101 年台北捷運局標售位於南勢角站的「南方之星」捷運宅,高達 101 戶,卻有將近五成的住宅無人問津,即可印證捷運宅的吸引力已日趨式微。

什麼是捷運宅?台北市捷運局也跨行來賣房子了?

所謂的捷運宅應該稱為捷運聯合開發建案,是由台北市政府捷運工程局與民間業者採聯合開發,於捷運車站出入口附近所興建的大樓,此類型建案最大的賣點就是「出站就是回家」的極致交通便利性。然而此類型建案,除了有上述噪音擾人的問題外,其實還存在者另一個不可輕忽的潛在危機。

還會有什麼問題?

這類型的聯合開發建案多座落於捷運設施用地上,多半屬於住、辦、商混用的區段——也就是說,房子除了可以拿來當住宅外,也可以做為辦公室或商用登記。如此一來,也常會有洽公及業務等非本棟住戶的陌生人進出建物,對於住宅的安全性而言,是不是一個潛在的大隱憂?

再者,這類型的建案多半(或全數)做小坪數規劃,藉以吸引重視交通便利性的單身上班族、租屋族及職業房東。然而正如前文所述,建案的戶數越多,在管理維護上的複雜度就會增加,房價維持也更為不利,這些都是買房前應細心評估的重要因素。

 Hint

捷運再好再方便,也別賠上了居住品質。

原則 5 避開海砂屋、輻射屋、淹水屋及凶宅

海砂屋、輻射屋、淹水屋及凶宅,這些都是買方應該

盡量避免購買的房屋標的，而網路上早有一些相關的資訊，可以讓買家先行過濾掉這些品質不良的建案或房屋。

　　台北市政府建築管理工程處的海砂屋專區，可以下載台北市區內最新的海砂屋列管名冊，其使用方式如以下步驟所示：

　　第一步　　於 Google 首頁鍵入「海砂屋查詢」後，按搜尋。

第二步 點選「台北市建築管理工程處海砂屋專區」。

第三步 點選首頁上「高氯離子混凝土建築物（海砂屋）列管名冊」，就能下載台北市政府所列管的最新海砂屋詳細資訊。

　　行政院原子能委員會則提供了全臺灣各縣市輻射屋的查詢網址「http://gamma.aec.gov.tw/ray/house.asp」，查詢畫面如下圖所示。

　　只要在下圖頁面中輸入想要查詢的房屋住址後，按下右邊的綠色查詢鈕，就能知道房子是否為該委員會所登錄，輻射年劑量 1 毫西弗以上之放射性污染建築物。

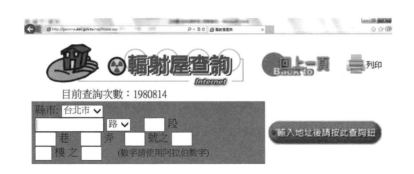

淹水屋部分，台北市政府有「積水查報網」供民眾查詢（http://rain.tcg.gov.tw/flood/Page1/），其查詢畫面如下圖所示。讀者可用年度或行政區，查詢台北市曾經發生淹水的區域及淹水深度。其他縣市的讀者則可上網至地方縣市政府工務局的網站，察看當地過去有無淹水或遭遇土石流的歷史紀錄。建議各位讀者應該避開近十年曾發生過淹水的區域，以免每到颱風時節就要提心吊膽。

凶宅的部分，網路上有「臺灣凶宅網」（網址：http://www.unluckyhouse.com/）可供查詢，其首頁如下圖所示。要提醒讀者的是，凶宅網上刊載之資料，係由一般民眾自動自發提供，非由政府的正式統計資料，其資料之真實性仍有待查證。當然讀者也可以採取「寧可錯殺一百，不可放過一屋」的嚴格態度，剔除所有可能是凶宅的選擇，畢竟每個人都想住得心安與舒適，不是嗎？

筆記本

簽約篇

簽約細節睜大眼

「經過那麼多的步驟，終於選到對家庭最理想的房子，
只要在合約上簽個名，就能擁有自己的窩囉……」
「等等，這名字可不能亂簽的唷！因為在合約上簽名，
在法律上就等於您認可這合約所規範的權利義務關係，
但您真的有看懂契約嗎？」
「拜託，契約條文又臭又長，誰看得懂啊？」
「告訴你，你只要掌握下面的幾項重點，
要看懂契約，其實一點也不難！」

熟悉不動產交易「契約範本」

因為房屋相關之不動產單價甚高，一般人通常不會有太多次買賣的機會，對於購屋契約內容自然會有些陌生。其實內政部不動產資訊平台上，已經針對「成屋買賣」、「預售屋買賣」、「預售車位買賣」及「不動產委託銷售」（就是將房子委託給房仲業買賣所需使用之契約）等不同的不動產交易行為，訂出交易契約內應該載明及不得記載之事項，並更進一步訂出契約範本，讀者可以依不動產交易的形式，選擇適合範本來下載使用。

該在哪邊找到這些資料？

第一步　在 Google 上輸入「內政部不動產資訊平台」。

第二步　點選「內政部不動產資訊平台」。

第三步 點選左側「法規／知識」下的「契約書範本」。

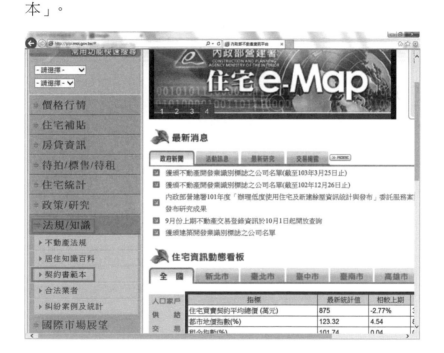

第四步 網頁右側的下載鍵，將自己需要的契約範本
下載到自己的電腦裡。

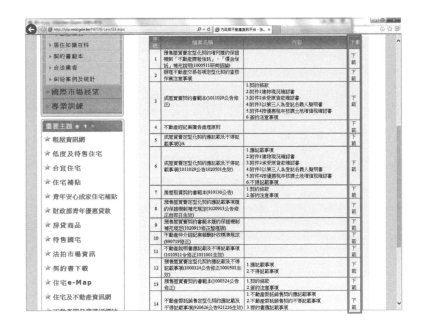

各款應記載條文之目的

接下來則以政府所訂之契約範本為例，逐條介紹各款應記載條文之目的，所參考的範本包含：內政部於民國 100 年 3 月 24 日公告修正之〈預售屋買賣定型化契約應記載及不得記載事項〉、100 年 6 月 1 日〈預售屋買賣定型化契約增列履約保證機制「不動產開發信託」、「價金信託」補充說明〉，以及 102 年 9 月 13 日〈預售屋買賣定型化契約應記載事項履約保證機制補充規定〉。

相信讀者在理解各項條文的內涵後，就不會因為不瞭解條文，而對契約產生排斥，唯有徹底瞭解契約條文內容，才能確保自身的權益！

一、契約審閱期

本契約於中華民國＿年＿月＿日經買方攜回審閱＿日（契約審閱期間至少五日）

買方簽章：

賣方簽章：

　　以後如果遇到銷售員要求契約不得攜回審閱，就可以直接告訴他（她），**契約最少有 5 日的審閱期限，而且還可以更長**唷！此外，務必請賣方於該簽名的地方簽名，確認這條款經過雙方合意。

二、賣方對廣告之義務

賣方應確保廣告內容之真實，本預售屋之廣告宣傳品及其所記載之建材設備表、房屋及停車位平面圖與位置示意圖，為契約之一部分。

　　所有關於房子的廣告文件，都是契約的一部分，所以請將所有的廣告文宣收好，**如果現場銷售員口述內容與書面文件不符，請記得要求他（她）白紙黑字寫在契約或廣告文件的空白處，並且簽名。**

三、房地標示及停車位規格

㈠土地座落：

__ 縣（市）__ 鄉（鎮、市、區）__ 段 __ 小段 __ 地號等 __ 筆土地，面積共計 __ 平方公尺（__ 坪），使用分區為都市計畫內 __ 區（或非都市土地使用編定為 __ 區 __ 用地）。

㈡房屋座落：

同前述基地內「__」編號第 __ 棟第 __ 樓第 __ 戶（共計 __ 戶），為主管建築機關核准 __ 年 __ 月 __ 日第 __ 號建造執照（建造執照暨核准之該戶房屋平面圖影本如附件）。

㈢停車位性質、位置、型式、編號、規格：

1. 買方購買之停車位屬□法定停車位□自行增設停車空間□獎勵增設停車空間為□地上□地面□地下第 __ 層□平面式□機械式□其他 __，依建造執照圖說編號第 __ 號之停車空間計 __ 位，該停車位□有□無獨立權狀，編號第 __ 號車位 __ 個，其車位規格為長 __ 公尺，寬 __ 公尺，高 __ 公尺。另含車道及其他必要空間，面積

共計 __ 平方公尺（__ 坪）（建造執照核准之該層停車空間平面圖影本如附件）。

2. 買方購買之停車位屬自行增設或獎勵增設停車位者，雙方如有另訂該種停車位買賣契約書，其有關事宜悉依該契約約定為之。

房地產交易物的土地座落、房屋座落及停車位等細節，都應該載明於契約條文內。另外，該附的建照執照、建物及停車位帶尺寸平面圖影本，也都要附齊，甚至可以要求建商提供土地謄本，以確認目前的土地是否屬於建商所有。

四、房地出售面積及認定標準

(一)土地面積：

買方購買「__」__戶，其土地持分面積 __ 平方公尺（__ 坪），應有權利範圍為 __，計算方式係以主建物面積 __ 平方公尺（__ 坪）占區分所有全部主建物總面積 __ 平方公尺（__ 坪）比例計算（註：如有停車位應敘明車位權

利範圍或以其他明確計算方式列明），如因土地分割、合併或地籍圖重測，則依新地號、新面積辦理所有權登記。

㈡房屋面積：

本房屋面積共計 ＿ 平方公尺（＿ 坪），包含：

1. 主建物面積計 ＿ 平方公尺（＿ 坪）。

2. 附屬建物面積，即陽臺 ＿ 平方公尺（＿ 坪）、雨遮 ＿ 平方公尺（＿ 坪）及屋簷 ＿ 平方公尺（＿ 坪），合計 ＿ 平方公尺（＿ 坪）。

3. 共有部分面積計 ＿ 平方公尺（＿ 坪）。

4. 主建物面積占本房屋得登記總面積之比例 ＿％。

㈢前二款所列面積與地政機關登記面積有誤差時，買賣雙方應依第六點規定互為找補。

這是要求建商必須明確標出房屋總坪數、主、附屬及公用建物（陽臺、雨遮與屋簷）的面積，讀者應先行核對主附屬建物的面積，與平面圖有無落差；如果有，一定要在簽約前要求建商更正，以免驗收交屋時產生糾紛。

五、共有部分項目、總面積及面積分配比例計算

㈠共有部分除法定停車位另計外，係指□門廳、□走道、□樓梯間、□電梯間、□電梯機房、□電氣室、□機械室、□管理室、□受電室、□幫浦室、□配電室、□水箱、□蓄水池、□儲藏室、□防空避難室（未兼作停車使用）、□屋頂突出物、□健身房、□交誼室□管理維護使用空間及其他依法令應列入共有部分之項目（＿＿）。本「＿＿」共有部分總面積計 ＿＿ 平方公尺（＿＿ 坪）。

㈡前款共有部分之權利範圍係依買受主建物面積與主建物總面積之比例而為計算（註：或以其他明確之計算方式列明）。本「＿＿」主建物總面積計 ＿＿ 平方公尺（＿＿ 坪）。

　　這是規範建商必須標明本建案包含哪些公共設施，及這些設施的總面積，並律定這些共有部分的權利範圍，應該如何分配。

六、房地面積誤差及其價款找補

㈠房屋面積以地政機關登記完竣之面積為準，部分原可依

法登記之面積，倘因簽約後法令改變，致無法辦理建物所有權第一次登記時，其面積應依公寓大廈管理條例第五十六條第三項之規定計算。

㈡依第四點計算之土地面積、主建物或本房屋登記總面積如有誤差，其不足部分賣方均應全部找補；其超過部分，買方只找補百分之二為限（至多找補不超過百分之二），且雙方同意面積誤差之找補，分別以土地、主建物、附屬建物、共有部分價款，除以各該面積所得之單價（應扣除車位價款及面積），無息於交屋時結算。

㈢前款之土地面積、主建物或本房屋登記總面積如有誤差超過百分之三者，買方得解除契約。

這條文規定，如果將來交屋時，面積不足契約規定時，建商必須全數照價賠償給購屋者；而如果交屋面積超過契約部分，買方最多補2％的價款。這是對購屋者購買房屋面積的保障條款，因此也常被建商「忽略」，完全不列入契約條文中，或者是採用「變形」條款來調整成面積，例如誤差在10％以內者，買賣雙方互不找補等。所以**請讀者**

務必堅持要求建商，必須將此條款納入契約範圍內，以維護自己的權益。

七、契約總價

本契約總價款合計新臺幣 __ 仟 __ 佰 __ 拾 __ 萬 __ 仟元整。

㈠土地價款：新臺幣 __ 仟 __ 佰 __ 拾 __ 萬 __ 仟元整。

㈡房屋價款：新臺幣 __ 仟 __ 佰 __ 拾 __ 萬 __ 仟元整。

　　1. 主建物部分：新臺幣 __ 仟 __ 佰 __ 拾 __ 萬 __ 仟元整。

　　2. 附屬建物陽臺部分：新臺幣 __ 仟 __ 佰 __ 拾 __ 萬 __ 仟元整（除陽臺外，其餘項目不得計入買賣價格）。

　　3. 共有部分：新臺幣 __ 仟 __ 佰 __ 拾 __ 萬 __ 仟元整。

㈢車位價款：新臺幣 __ 佰 __ 拾 __ 萬 __ 仟元整。

　　這也就是此次買賣的價金。要注意的是，**附屬建物只有「陽臺面積」可以計入買賣價金之內。**

七之一　履約保證機制

本預售屋應辦理履約保證，履約保證依下列方式擇一處理：

□內政部同意之履約保證方式：不動產開發信託

　　由建商或起造人將建案土地及興建資金信託予某金融機構

　　或經政府許可之信託業者執行履約管理。興建資金應依工

　　程進度專款專用。又簽定預售屋買賣契約時，賣方應提供

　　上開信託之證明文件或影本予買方。

□其他替代性履約保證方式。

□價金返還之保證

　　本預售屋由 ＿（金融機構）負責承作價金返還保證。

　　價金返還之保證費用由賣方負擔。

　　賣方應提供第一項之保證契約影本予買方。

□價金信託

　　本預售屋將價金交付信託，由 ＿（金融機構）負責承

　　作，設立專款專用帳戶，並由受託機構於信託存續期間，

　　按信託契約約定辦理工程款交付、繳納各項稅費等資金控

　　管事宜。

前項信託之受益人為賣方（即建方或合建雙方）而非買方，受託人係受託為賣方而非買方管理信託財產，但賣方無法依約定完工或交屋者，受益權歸屬於買方。

賣方應提供第一項之信託契約影本予買方。

□同業連帶擔保

本預售屋已與○○公司（同業同級之公司，市占率由內政部另定之）等相互連帶擔保，持本買賣契約可向上列公司請求完成本建案後交屋。上列公司不得為任何異議，亦不得要求任何費用或補償。

賣方應提供連帶擔保之書面影本予買方。

□公會連帶保證

本預售屋已加入由全國或各縣市建築開發商同業公會辦理之連帶保證協定，持本買賣契約可向加入本協定之○○公司請求共同完成本建案後交屋。加入本協定之○○公司不得為任何異議，亦不得要求任何費用或補償。

賣方應提供加入前項同業聯合連帶保證協定之書面影本予買方。

　　這是預售屋特有的條款，旨在保護購屋者，避免建商預收工程款後周轉不靈或惡意倒閉，造成購屋者血本無歸的狀況。理論上，購屋者有權力選擇上述其中之一的保證方式，來維護自身的權益。然而在法律面上，建商不需要具備提供全數保證之能力，而且實務上來說，建商更不會具備這樣能力。

　　以下先介紹這些保障機制的內涵：

1. 不動產開發信託：簡單來說，建商必須找一家金融機構或是經政府許可之信託業者信託。而購屋者在所有權登記前，付給賣方的預售屋買賣價金，包括訂金、簽約款、開工款及各期工程款等，不直接交給建商，而是匯款至指定的信託帳戶裡，建商再依實際施工進度向信託單位請款。這樣可以防止建商將資金（價金）挪作他用，以降低預售屋交易風險。

   如果購屋者決定採行這項保證機制時，建議應要求建商於契約及信託證明文件上，清楚標明：「信託單位提供未完工程續建承諾。」這表示，萬一建商無法完成建案施

作時，信託單位有義務代為完成建案施作，這才是對購屋者最大的保障。

2. 價金信託：跟不動產開發信託很像，一樣是將預售款交與信託或金融機構。然而不同的是，如果遇到建商無法繼續施工時，信託機構僅會進行信託專戶結算，並依購屋者已預繳金額占所有買方所繳金額的比例，將結算餘額退還給買方。換言之，**此保障並不提供續建承諾，因此蓋到一半的「爛尾樓」，將會成為購屋者心中永遠的痛。**

3. 價金返還之保證：指建商先跟金融機構建立履約保證機制，一旦建商無法完成建案施作時，由提供擔保之金融機構，將購屋者已經繳交的價金全數返還。這也是能百分之百保障購屋者的一種機制，然而因為建商必須負擔的保證費用較高，實務上並不常見。

4. 同業連帶擔保：如果建商無法完成施作時，其連帶擔保之廠商必須無條件依契約規定，完成剩餘工項之施作。依〈預售屋買賣定型化契約應記載事項履約保證機制補充規定〉，所謂「同業公司」是指，在經濟部的公司登記

中，營業項目列有「H701010 住宅及大樓開發租售業」者。另外還要符合幾項規範，如該業者必須是該縣市不動產開發商業同業公會的會員、最近五年內不得有退票及欠稅紀錄，同時僅得擔保一個建案至取得使用執照為止等等。[4]

5. 公會連帶保證：就是加入由全國或各縣市建築開發商同業公會，辦理之連帶保證協定，如果建商無法施作時，可以要求加入協定之特定廠商（需明訂於契約內容）繼續完成剩餘工項之施作。

綜合以上所述，購屋者最需要的是，保證預付費用能百分之百退還，或是建案能繼續施作，而公會連帶保證及同業連帶擔保，雖然都具備有繼續施工的保證，然而卻也

---

4 依建案大小不同，擔保業者的規模也有以下限制：
　(1)建案總樓地板面積於 2 萬平方公尺以下時，擔保業者（丙級）需符合設立滿 3 年，資本額新臺幣 2 億元以下，營業總額新臺幣 2 億元以下之規模。
　(2)建案總樓地板面積逾 2 萬平方公尺，未達 20 萬平方公尺時，擔保業者（乙級）需符合設立 3 年以上，資本額逾新臺幣 2 億元，未達 20 億元；營業總額逾新臺幣 2 億元，未達 20 億元之規模。
　(3)建案總樓地板面積超過 20 萬平方公尺時，擔保業者（甲級）需符合設立 6 年以上，資本額新臺幣 20 億元以上，營業總額新臺幣 20 億元以上之規模。

無法確認，擔保業者是否也可能成為週轉不靈的另一個犧牲者。因此，**「價金返還」與「不動產開發信託」，是對購屋者最有利的保證機制，讀者可多要求建商採取這兩種履約保證模式。**

最後，無論契約採行何種履約保障機制，如果讀者不幸遇到建商倒閉的狀況時，最好要有打官司的心理準備（特別是採行公會連帶保證，或同業連帶擔保）。因為對擔保業者而言，這是一筆穩賠不賺的生意，難保業者不會利用其他的手段來抵制或消極抗拒。

但我要再次強調，**契約寫得越詳細，將來上法庭白紙黑字的證據就越完整，也就越有可能爭取到屬於自己的權利。**反之，如果契約上什麼都沒寫，試問法官要如何得知您有這樣的權力？沒有人願意遇到這樣的狀況，但越詳細的契約及相關文件，越有可能幫您贏回該有的權利。

八、付款條件

付款，除簽約款及開工款外，應依已完成之工程進度所定

付款明細表之規定於工程完工後繳款，其每次付款間隔日數應在二十日以上。

如賣方未依工程進度定付款條件者，買方得於工程全部完工時一次支付之。

　　預售屋通常會依照工程進度，要求購屋者繳交工程款，常見的繳納時間點為：地下室結構體完工、結構體完成一半，以及結構體全數施作完成。當然，市面上也會有建商標榜施工期間零付款。總之，**這條契約應該明確訂出付款的期數、每期應付多少金額，以及價款應該在幾日內給付等遊戲規則，以利買賣雙方遵循。**

九、逾期付款之處理方式

買方如逾期達五日仍未繳清期款或已繳之票據無法兌現時，買方應加付按逾期期款部分每日萬分之二單利計算之遲延利息，於補繳期款時一併繳付賣方。

如逾期二個月或逾使用執照核發後一個月不繳期款或遲延利息，經賣方以存證信函或其他書面催繳，經送達七日內

仍未繳者，雙方同意依違約之處罰規定處理。但前項情形
賣方同意緩期支付者，不在此限。

　　逾期繳款有哪些罰則，又應該支付多少額外利息？這
些付款條件及罰則，都應該明列於契約內，讀者也應小心
避免逾期繳款，以免遭罰。

十、地下層、屋頂及法定空地之使用方式及權屬

㈠地下層停車位

　　本契約地下層共 __ 層，總面積 __ 平方公尺（__ 坪），扣
　　除第五點所列地下層共有部分及依法令得為區分所有之標
　　的者外，其餘面積 __ 平方公尺（__ 坪），由賣方依法令
　　以停車位應有部分（持分）設定專用使用權予本預售屋承
　　購戶。

㈡法定空地

　　本建物法定空地之所有權應登記為全體區分所有權人共
　　有，並為區分所有權人共用。但部分區分所有權人不需使
　　用該共有部分者，得予除外。

㈢屋頂平臺及突出物

　共有部分之屋頂突出物及屋頂避難平台，不得為約定專用部分，除法令另有規定外，不得作為其他使用。

㈣法定空地、露臺、非屬避難之屋頂平臺，如有約定專用部分，應於規約草約訂定之。

　這條文的重點在於，建案是否有部分公設空間做為「約定專用」（依照〈公寓大廈管理條例〉第三條第五款的規定：「約定專用部分」及公寓大廈「共用部分」經約定供「特定所有權人」使用者）。

　舉例來說，許多建案的一樓後陽台或露台等公共設施空間，建商通常會將其指定予一樓住戶使用，這樣的約定專用是合法的，但是必須於買賣契約中明列。

　然而，讀者必須注意的是，**屋頂突出物及屋頂避難平台，因涉及居住安全，不能做為「約定專用」出售予特定所有權人使用。**

十一、主要建材及其廠牌、規格

㈠施工標準悉依核准之工程圖樣與說明書及本契約附件之
建材設備表施工,除經買方同意,不得以同級品之名義變
更建材設備或以附件所列舉品牌以外之產品替代,但賣方
能證明有不可歸責於賣方之事由,致無法供應原建材設
備,且所更換之建材設備之價值、效用及品質不低於原約
定之建材設備或補償價金者,不在此限。

㈡賣方保證建造本預售屋不含有損建築結構安全或有害人
體安全健康之輻射鋼筋、石棉、未經處理之海砂等材料或
其他類似物。

㈢前款石棉之使用,不得違反主管機關所定之標準及許可
之目的用途,但如有造成買方生命、身體及健康之損害
者,仍應依法負責。

㈣賣方如有違反前三款之情形,雙方同意依違約之處罰規
定處理。

　建商有義務不得使用危害人體安全的建材,如輻射鋼
筋、石棉、未經處理的海砂等。購屋者也可以要求建商,

將相關建材的規格、品牌及可使用之同等品列表，做為契約附件，俾利於施工查驗及驗收時照表操課，逐項檢驗（建材常包含：鋼筋、混凝土、電線、PVC配管、白鐵配管、各種尺寸的壁地磚、烘碗機、瓦斯爐、洗碗槽、廚具面材、室外門、室內門、衛浴設備、門窗、木地板、配電箱、消防偵煙器、電線、網路線、有線電視訊號線、對講機訊號線等）。

此外，**如果讀者想要將「客變」的權利白紙黑字寫進契約中，建議可以與建商協調，在此條文中增列。**

㈤「買方得配合賣方工程進度，於建材表所列範圍或兩造另行合意範圍內進行工項施作調整，並由賣方依買方需求製作『客變明細表』乙式兩份，內容應包含所有變更之施作工項、數量、追加單價或追減單價。工項變更需俟買賣雙方於客變明細表簽章後始得生效。」

十二、開工及取得使用執照期限

㈠本預售屋之建築工程應在民國 ＿＿ 年 ＿＿ 月 ＿＿ 日之前開

工,民國 ＿＿ 年 ＿＿ 月 ＿＿ 日之前完成主建物、附屬建物及使用執照所定之必要設施,並取得使用執照。但有下列情事之一者,得順延其期間:

1. 因天災地變等不可抗力之事由,致賣方不能施工者,其停工期間。

2. 因政府法令變更或其他非可歸責於賣方之事由發生時,其影響期間。

(二)賣方如逾前款期限未開工或未取得使用執照者,每逾一日應按已繳房地價款依萬分之五單利計算遲延利息予買方。若逾期三個月仍未開工或未取得使用執照,視同賣方違約,雙方同意依違約之處罰規定處理。

　　這也是建商常「變形」或「隱身」的條款。買方常會遇到的狀況是,銷售員在賣場拍胸脯保證,建案一定會於一年內完工交屋,結果契約上卻寫著三年的施工期限。各位讀者**務必堅持要求建商,依銷售員所說的交屋時間納入契約,以維護自身權益。**

　　然而,建商為了不想更改契約,通常會用類似以下的

藉口：「契約上明列之完工期限，是依建照執照所規範的施作時間換算，所以才會那麼長……」建商希望藉這種說法，讓買方誤以為這個時限是政府訂定的。

　　但實情卻是，建照執照上的施作期限，是建管單位要求建商最遲必須完工的期限，這個期限通常超過正常施工所需之時程，也與買賣房屋的私契約行為毫無關連，**既然建商在兜售房屋時即提出交屋的時程保證，自然就該負責任的將其明列於契約內。**

十三、驗收

賣方依約完成本戶一切主建物、附屬建物之設備及領得使用執照並接通自來水、電力、於有天然瓦斯地區，並應達成瓦斯配管之可接通狀態及完成契約、廣告圖說所示之設施後，應通知買方進行驗收手續。

雙方驗收時，賣方應提供驗收單，如發現房屋有瑕疵，應載明於驗收單上，由賣方限期完成修繕；買方並有權於自備款部分保留房地總價百分之五作為交屋保留款，於完成

修繕並經雙方複驗合格後支付。

第一項有關達成天然瓦斯配管之可接通狀態之約定，如契約有約定，並於相關銷售文件上特別標明不予配設者，不適用之。

這條文是規範何時能辦理驗收。請注意，「買方有權力保留房地產總價百分之五做為交屋保留款」，**5%的比例是下限，各位可以盡力爭取對自己最好的條件。**

然而這部分的契約範本忽略了，建商若未於約定期限內完成缺失改善，應有的相對應罰則。我建議，**可以要求在這部分契約條文中增列：「若建商無法於約定期限內完成缺失改善，比照逾期限未開工或未取得使用執照，每逾一日，應按已繳房地價款依萬分之五單利計算遲延利息予買方。若逾期三個月仍未完成缺失改善，視同賣方違約，雙方同意依違約之處罰規定處理。」**

十四、房地所有權移轉登記期限

㈠土地所有權移轉登記

土地所有權之移轉，除另有約定，依其約定者外，應於使用執照核發後四個月內備妥文件申辦有關稅費及權利移轉登記。其土地增值稅之負擔方式，依有關稅費負擔之約定辦理。

㈡房屋所有權移轉登記

房屋所有權之移轉，應於使用執照核發後四個月內備妥文件申辦有關稅費及權利移轉登記。

㈢賣方違反前二款之規定，致各項稅費增加或罰鍰（滯納金）時，賣方應全數負擔；如損及買方權益時，賣方應負損害賠償之責。

㈣賣方應於買方履行下列義務時，辦理房地所有權移轉登記：

1. 依契約約定之付款辦法，除約定之交屋保留款外，應繳清房地移轉登記前應繳之款項及逾期加付之遲延利息。

2. 提出辦理所有權移轉登記及貸款有關文件，辦理各項

貸款手續,繳清各項稅費,預立各項取款或委託撥付文件,並應開立受款人為賣方及票面上註明禁止背書轉讓,及記載擔保之債權金額及範圍之本票予賣方。

3. 本款第一目、第二目之費用如以票據支付,應在登記以前全部兌現。

(五)第一款、第二款之辦理事項,由賣方指定之地政士辦理之,倘為配合各項手續需要,需由買方加蓋印章,出具證件或繳納各項稅費時,買方應於接獲賣方或承辦地政士通知日起七日內提供,如有逾期,每逾一日應按已繳房地價款依萬分之二單利計算遲延利息予賣方,另如因買方之延誤或不協辦,致各項稅費增加或罰鍰(滯納金)時,買方應全數負擔;如損及賣方權益時,買方應負損害賠償之責。

這條是規範房地所有權移轉的期限,以及買賣雙方的權利義務。讀者必須注意自己應該辦理的事項,不要延遲。此外,我要特別提醒的重點是,房地所有權轉換與驗收間並無先後時間關連,**別讓建商以「沒完成驗收就無法辦理**

所有權轉換」這樣的話給騙了，致使你為了想早些住進愛屋，就草草的在驗收合格紀錄上簽下了名字。

然而在實務上，若於房屋驗收作業完竣前就辦理房地所有權移轉，除了地價稅及房屋稅就此改由買方負擔外，最怕建商一旦拿到銀行撥付的房屋貸款後，就開始拖延驗收及缺失改善的期程，藉以逼使買方驗收草草了事。

因此，如果讀者並不急於立刻擁有愛屋時，可建議於第㈠及㈡的條款中，**爭取增訂條款**：「應於使用執照核發後四個月內**及建商完成驗收缺失改善後**」，以避免建商想推卸缺失改正的責任。

十五、通知交屋期限

㈠賣方應於領得使用執照六個月內，通知買方進行交屋。

於交屋時雙方應履行下列各目義務：

1. 賣方付清因延遲完工所應付之遲延利息於買方。

2. 賣方就契約約定之房屋瑕疵或未盡事宜，應於交屋前完成修繕。

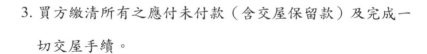

3. 買方繳清所有之應付未付款（含交屋保留款）及完成一切交屋手續。

4. 賣方如未於領得使用執照六個月內通知買方進行交屋，每逾一日應按已繳房地價款依萬分之五單利計算遲延利息予買方。

㈡賣方應於買方辦妥交屋手續後，將土地及建物所有權狀、房屋保固服務紀錄卡、使用維護手冊、規約草約、使用執照（若數戶同一張使用執照，則日後移交管理委員會）或使用執照影本及賣方代繳稅費之收據交付買方，並發給遷入證明書，俾憑換取鎖匙，本契約則無需返還。

㈢買方應於收到交屋通知日起 ＿＿ 日內配合辦理交屋手續，賣方不負保管責任。但可歸責於賣方時，不在此限。

㈣買方同意於通知之交屋日起三十日後，不論已否遷入，即應負本戶水電費、瓦斯基本費，另瓦斯裝錶費用及保證金亦由買方負擔。

　　交屋就是買賣雙方一手交錢、一手交鑰匙的時候。因此各位應該要求在契約中明文規定，建商必須將所有的驗

收缺失全部改進完畢，並且經過我們買方簽章認可之後，才能辦理交屋手續。如果建商有違反契約的行為，導致必須賠償買方，也應該在完成賠付之後，才可以辦理交屋程序。

十六、共有部分之點交

㈠賣方應擔任本預售屋共有部分管理人，並於成立管理委員會或推選管理負責人後移交之。雙方同意自交屋日起，由買方按月繳付共有部分管理費。

㈡賣方於完成管理委員會或推選管理負責人後七日內，應會同管理委員會或推選管理負責人現場針對水電、機械設施、消防設施及各類管線進行檢測，確認其功能正常無誤後，將共用部分、約定共用部分與其附屬設施設備；設施設備使用維護手冊及廠商資料、使用執照謄本、竣工圖說、水電、機械設施、消防及管線圖說等資料，移交之。上開檢測責任由賣方負責，檢測方式，由賣方及管理委員會或管理負責人，雙方協議為之，賣方並通知政府主管機

關派員會同見證雙方已否移交。

　　這條文是在規範建物共有部分的驗收程序。共有部分的設施必須由建商負責檢測，檢測方式則由建商與管委會共同協議，而且**建商必須通知主管機關派員會同見證。**

十七、保固期限及範圍

㈠本契約房屋自買方完成交屋日起，或如有可歸責於買方之原因時自賣方通知交屋日起，除賣方能證明可歸責於買方或不可抗力因素外，結構部分（如：樑柱、樓梯、擋土牆、雜項工作……等）負責保固十五年，固定建材及設備部分（如：門窗、粉刷、地磚……等）負責保固一年，賣方並應於交屋時出具房屋保固服務紀錄卡予買方作為憑證。

㈡前款期限經過後，買方仍得依民法及其他法律主張權利。

　　結構體保固 15 年、非結構體保固 1 年，**這些都是下限，讀者也可以爭取更好的保固條件。**

十八、貸款約定

㈠第七點契約總價內之部分價款新臺幣＿＿元整，由買方與賣方洽定之金融機構之貸款給付，由買賣雙方依約定辦妥一切貸款手續。惟買方可得較低利率或有利於買方之貸款條件時，買方有權變更貸款之金融機構，自行辦理貸款，除享有政府所舉辦之優惠貸款利率外，買方應於賣方通知辦理貸款日起二十日內辦妥對保手續，並由承貸金融機構同意將約定貸款金額撥付賣方。

㈡前款由賣方洽定辦理之貸款金額少於預定貸款金額，其差額依下列各目處理：

1. 不可歸責於雙方時之處理方式如下：

   (1)差額在預定貸款金額百分之三十以內者，賣方同意以原承諾貸款相同年限及條件由買方分期清償。

   (2)差額超過原預定貸款金額百分之三十者，賣方同意依原承諾貸款之利率計算利息，縮短償還期限為＿＿年（期間不得少於七年），由買方按月分期攤還。

   (3)差額超過原預定貸款金額百分之三十者，買賣雙方得

選擇前述方式辦理或解除契約。

2. 可歸責於賣方時，差額部分，賣方應依原承諾貸款相同
年限及條件由買方分期清償。如賣方不能補足不足額部
分，買方有權解除契約。

3. 可歸責於買方時，買方應於接獲通知之日起 __ 天（不
得少於三十天）內一次給付其差額或經賣方同意分期給
付其差額。

㈢有關金融機構核撥貸款後之利息，由買方負擔。但於賣
方通知之交屋日前之利息應由賣方返還買方。

十九、貸款撥付

買賣契約如訂有交屋保留款者，於產權移轉登記完竣並由
金融機構設定抵押權後，除有輻射鋼筋、未經處理之海砂
或其他縱經修繕仍無法達到應有使用功能之重大瑕疵外，
買方不得通知金融機構終止撥付前條貸款予賣方。

此條文規範的是買賣雙方對於貸款事項的權利義務。
讀者要注意的是，如果選擇自辦貸款，則貸款額度是否能

滿足契約所規定的貸款總額。因此，建議在訂約前，最好能檢視自己的財務狀況，避免契約明訂的貸款金額過高，於交屋時衍生不必要之糾紛。如果購屋前確實符合 35/35 原則，應該不會遇到貸款額度不足的問題。

二十、房地轉讓條件

(一)買方繳清已屆滿之各期應繳款項者，於本契約房地所有權移轉登記完成前，如欲將本契約轉讓他人時，必須事先以書面徵求賣方同意，賣方非有正當理由不得拒絕。

(二)前款之轉讓，除配偶、直系血親間之轉讓免手續費外，賣方得向買方收取本契約房地總價款千分之 ___ （最高以千分之一為限）之手續費。

　　此條文規範的是，如果買方在房地權利還沒有完成轉換之前，就想將本契約轉讓，應該依照什麼樣的程序處理。

二十一、地價稅、房屋稅之分擔比例

(一)地價稅以賣方通知書所載之交屋日為準，該日期前由賣

方負擔，該日期後由買方負擔，其稅期已開始而尚未開徵

者，則依前一年度地價稅單所載該宗基地課稅之基本稅

額，按持分比例及年度日數比例分算賣方應負擔之稅額，

由買方應給付賣方之買賣尾款中扣除，俟地價稅開徵時由

買方自行繳納。

㈡房屋稅以賣方通知書所載之交屋日為準，該日期前由賣

方負擔，該日期後由買方負擔，並依法定稅率及年度月份

比例分算稅額。

　　這條文的重點在於，地價稅與房屋稅的繳納權責，應

該要以交屋日做為切割。**交屋日之前由建商負擔，而在那**

一天之後則由買方負擔。

二十二、稅費負擔之約定

㈠土地增值稅應於使用執照核發後申報，並以使用執照核

發日之當年度公告現值計算增值稅，其逾三十日申報者，

以提出申報日當期之公告現值計算增值稅，由賣方負擔，

但買方未依第十四點規定備妥申辦文件，其增加之增值

　　稅，由買方負擔。

㈡所有權移轉登記規費、印花稅、契稅、代辦手續費、貸款
　　保險費及各項附加稅捐由買方負擔。但起造人為賣方時，
　　建物所有權第一次登記規費及代辦手續費由賣方負擔。

㈢公證費由買賣雙方各負擔二分之一。但另有約定者從其
　　約定。

㈣應由買方繳交之稅費，買方於辦理所有權移轉登記時，
　　應將此等費用全額預繳，並於交屋時結清，多退少補。

　　　　土地增值稅、建物所有權第一次登記規費，以及代辦
　　手續費都應該由建商負擔。而所有權移轉登記規費、印花
　　稅、契稅、代辦手續費、貸款保險費，以及各項附加稅捐，
　　則由買方負擔。

二十三、賣方之瑕疵擔保責任

㈠賣方保證產權清楚，絕無一物數賣、無權占有他人土地、
　　承攬人依民法第五百十三條行使法定抵押權或設定他項權
　　利等情事之一；如有上述情形，賣方應於本預售屋交屋日

或其他約定之期日＿前負責排除、塗銷之。但本契約有利

於買方者，從其約定。

(二)有關本契約標的物之瑕疵擔保責任，悉依民法及其他有

關法令規定辦理。

　　這是規範建商不得有一物數賣、無權占有他人土地、

抵押及設定其他權利的狀況。

二十四、違約之處罰

(一)賣方違反「主要建材及其廠牌、規格」、「開工及取得使

用執照期限」之規定者，買方得解除本契約。

(二)賣方違反「賣方之瑕疵擔保責任」之規定者，即為賣方

違約，買方得依法解除契約。

(三)買方依第一款或第二款解除契約時，賣方除應將買方已

繳之房地價款退還予買方，如有遲延利息應一併退還，

並應同時賠償房地總價款百分之＿（不得低於百分之十

五）之違約金。但該賠償之金額超過已繳價款者，則以已

繳價款為限。

㈣買方違反有關「付款條件及方式」之規定者，賣方得沒收依房地總價款百分之 __ （最高不得超過百分之十五）計算之金額。但該沒收之金額超過已繳價款者，則以已繳價款為限，買賣雙方並得解除本契約。

㈤買賣雙方當事人除依前二款之請求外，不得另行請求其他損害賠償。

　　這也是規範建商責任的重要條款，因此各位請務必確認，購屋契約內明列了這些條款。若建商違反「主要建材及其廠牌、規格」、「開工及取得使用執照期限」及「賣方之瑕疵擔保責任」的規範，買方有權利要求解約，**並取回全數價款及房屋總價 15%以上的違約金。**

　　但各位更別忘了，前述應記載事項第十二條的權利：「賣方如逾前款期限未開工或未取得使用執照者，每逾一日應按已繳房地價款依萬分之五單利計算遲延利息予買方。若逾期三個月仍未開工或未取得使用執照，視同賣方違約，雙方同意依違約之處罰規定處理。」

二十五、當事人及其基本資料

本契約應記載當事人及其基本資料:

㈠買方之姓名、國民身分證統一編號、戶籍地址、通訊地
址、連絡電話。

㈡賣方之名稱、法定代理人、公司（或商號）統一編號、
公司（或商號）地址、公司（或商號）電話。

二十六、契約及其相關附件效力

本契約自簽約日起生效，賣方應將契約正本交付予買方。

本契約之相關附件視為本契約之一部分。

　　這些就是制式條文，說清楚契約中的甲方及乙方是

誰，一般契約應該都不會漏掉。

契約不得載明項目

原來每條條文都有它的意義存在，那有沒有契約條文中
不能寫出的內容？

　　當然有啊，以下就是內政部在民國 100 年 3 月 24 日公告的「預售屋買賣定型化契約應記載及不得記載事項」中，明訂契約不得載明的事項：

　　一、不得約定廣告僅供參考。

　　二、出售標的不得包括未經依法領有建造執照之夾層設計或夾層空間面積。

　　三、不得使用未經明確定義之「使用面積」、「受益面積」、「銷售面積」等名詞。

　　四、不得約定買方須繳回原買賣契約書。

　　五、不得約定請求超過民法第二百零五條所訂百分之二十年利率之利息。

　　六、不得為其他違反法律強制或禁止規定之約定。

　　七、附屬建物除陽臺外，其餘項目不得計入買賣價格。

　　各位一定要逐條檢核房屋的買賣契約，如果有違反上述規範，就要立即要求建商刪除。

　　此外，上述的契約範本裡面，**對於賣方（建商）的懲罰性違約金比例規範，多半都是下限值**（例如：逾期未開工或未取得使用執照之罰款比例下限為房屋總價的萬分之五以上，違約賠償則為房屋總價的百分之十五以上），各位當然可以爭取較高的違約賠償金比例。

　　反之，**對於買方違約金比例的部分，契約範本多是做上限的規範**（如買方違反付款條件時，賣方最高違約金比率為房屋總價的 15％），因此若賣方刻意提高買方的違約懲罰比率，一定要據理力爭，必要時可以向消費者保護協會或內政部尋求協助。因為一旦簽約了，就表示買方也認同契約對於買賣雙方的賠償權利義務，到時候要再翻盤就相當困難了．。

其他簽約應注意事項

授權刻章要小心

　　有時候，房屋銷售員會先提供合於規範的契約供消費者審閱，然後在還沒有簽約之前，要求消費者填寫並簽認「刻章授權」書，之後再將有問題的條款放入契約內，逕自依授權代替客戶刻章、用印，讓買方成了被騙的冤大頭。

> 既然如此，那就不要填刻章授權啊？

　　可是房屋移轉、申辦送水、送電、接瓦斯到申辦各項稅捐，都需要買方在各類表格上用印。因此除非買家時間相當自由，可以配合建商的申辦時程親自用印，不然實務上，授權建商刻章代辦是比較方便的方式。

可是，要如何才能預防建商胡搞呢？

在刻章授權書上載明授權範圍，是個可行的方法。

最好的解決辦法則是，親自帶著完成審閱的契約至建商處，逐條達成協議，並在現場完成條文修正後，立即簽約用印（用自己的印章，而非廠商代刻的印章），並拿回屬於自己的正本。

這樣就可避免建商取巧，將不利於己的條文刪除，以免將來面臨欲哭無淚的窘境。

訂購單別亂簽

常有建商在銷售建案時，要求心動的買家先簽所謂的「訂購單」，並繳交幾萬元的登記費或訂金，雙方再擇期簽訂正式的預售屋買賣契約。

首先，在內政部頒訂的相關契約條文內，並沒有出現「訂購單」這樣的名詞；換句話說，這並不是購屋的必要

單據，買方可以直接拒絕，以免萬一先簽「訂購單」並繳交所謂的登記費，之後不想簽約時，被建商沒收之前繳納的款項。

契約是買賣雙方的遊戲規則，一旦簽訂了就不容許反悔。況且房地產買賣所牽涉的金額相當大，各位在簽約之前，務必要依房地產交易的種類，詳細核對內政部頒訂的相關契約範本、應記載及不得記載事項，才不會白白損失自己的權利。

Chapter
4

監工篇
預售屋施工現場勘查大曝光

蓋房子的每一個步驟，
都是你能否住得安心的重要關鍵，
但是外行人就算進入工地，
往往也不知從何看起，有看沒有懂，
所以，本篇將簡單說明該注意的重點工項，
還有內行人才知道的眉角，
讓你只要帶著本書上工地，
包準有看就有懂，一切搞定！

監工的行前準備工作

在預售屋施工勘查之前，要先提醒大家，工地環境不比新成屋，可不會有美美的招待所及接待人員。如果您從沒去過工地勘查，以下是我的一些行前建議：

攜帶物品：

1. 契約：攜帶契約有兩個目的，其一是可以向工地主任證明，您是這個建案幾樓幾號的買主，避免工地主任以為您是誤闖工地的小白兔。其二，要用契約的內容，來核對建商有沒有確實按約施作。

2. 勘查工具包：裡面應該包含數位相機或智慧型手機、捲尺、500元以內的現金，以及方便在現場書寫的夾板及紙筆。

穿著：

　　請穿著輕便的長袖長褲，絕對不可以穿脫鞋或涼鞋，女性讀者也請避免穿著高跟鞋。另外也請配戴建商提供的安全帽，以維護自身安全。

現場注意事項：

1. 進出工地一定要先跟工地主任告知，也別仗著自己是購屋者，就對工地主任不尊重，別忘了，您的愛屋還需要他提供專業的服務。此外，在工地內最好全程由工地主任陪同，不要自己和同伴在工地到處亂跑。

2. **進入工地後，多看、多問、少碰。**不要好奇的東摸摸、西摸摸，以免一不小心就觸電，或被鐵釘刺到。

3. 女性讀者最好不要一個人去勘查工地，一方面還是有某些工地對於女性進出有一些迷信，另外一方面當然就是讀者自身的安全考量。

4. 可以的話買些飲料，慰勞一下辛苦的施工人員及工地主任，跟這些人打好關係，絕對有利無害。

5. 進入工地內，建議不要攜帶金融卡、身份證件及過多的

現金，以免遺失後不易尋回，這也就是為什麼我先前提到，勘查工具包內不要攜帶超過 500 元現金的原因之一。

談完了準備工作後，接下來就要開始介紹一些，我認為重要且比較沒有風險的施工勘查作業。

耶耶，終於可以進工地了！

別急，在進入工地實地考察施工狀況前，我們首先要檢視，這棟房子的設計圖有沒有經過專業技師簽章認可！

技師簽證—安全有保障

各位**可以向建商要求查看房屋的結構圖說及結構計算書。**這不是要您去研究結構設計與計算式是否正確（當然能看懂是最好啦），而是要買方確認，這兩項有沒有確實依照建築法相關規定，交由開業的結構技師、土木技師或建築師簽章負責。

依照〈建築物結構與設備專業工程技師簽證規則〉的

規定，專業技師辦理簽證業務時，簽證報告、執行業務所製作的圖樣及書表，都應該由技師本人簽署，並且加蓋技師執業圖記；同時，簽證報告也應該載明中央主管建築機關許可文號。

因此，**結構計算書及結構圖上，一定會有負責技師（或建築師）的親筆簽名，以及圓形的技師職業章**（如圖 4-1 所示）。

技師執業圖記格式

一、圖記規格：
本規格以外徑四・五公分，內徑三・〇公分（以花紋內緣為準）之二同心圓組成其圖樣如左：

二、圖記內容：
(1) 外環上款：執業機構之名稱。
(2) 外環下款：技師科別。
(3) 內環上款：技師執業執照字號。
(4) 內環中央：技師姓名。

外環之執業機構（公司）名稱與技師科別間，以「梅花」置於中央。

圖 4-1　臺灣技師職業圖記示意圖
資料來源：行政院公共工程委員會

　　另外，依照建築法及技師法相關規定，結構技師得為所有種類的建築物結構體簽證；土木技師則僅能為 36 公尺以下的建築結構體簽證；建築師則僅能為 5 層樓以下，以及非供公眾使用的建築物簽證（如公寓、獨棟等 5 層樓以下，非供營業使用者）。各位可以注意愛屋有沒有經過合於法令的技師負責簽章。

　　不同的專業工項，就要有不同專業的技師簽章負責：結構體需要結構或土木技師簽章；機電部分也需要電機或空調技師簽章；消防部分當然也需要消防設備師簽章。

　　有了專業技師簽證，就表示愛屋的結構強度、機電設備及消防設備，是由經過國家認可的專業技師，依照最新的技術規則設計而得。

　　依照工程施作的順序，在確定設計圖說都經過專業技師簽章後，接下來就要為各位介紹建築工程。建築工程可以大概分為「結構工程」、「機水（弱）電工程」及「室內裝修工程」等三大部分，以下就詳細介紹其中包含的細項內容。

監工重點 1：結構工程

　　一棟房子的結構體，是由柱、樑及版組合而成。柱子就是房子裡面看到方方正正垂直的構造物（如圖 4-1）；樑則是與柱相連，在天花板上橫著走的構造物（如圖 4-2）；版又稱樓版，就是我們踩著的地板（如圖 4-3）。

　　這三種結構構件都是由鋼筋及混凝土所組成，彼此的鋼筋相互連結，方便力量的傳遞，以及抵抗地震、颱風等的外力侵襲。

　　然而這部分的材料及施工方法，沒辦法等到成屋階段才進行檢視。換句話說，這個部分將是預售屋施工勘查的大重點，畢竟沒人想住到結構不安全的房子吧！

圖 4-2　柱子示意圖

圖 4-3　樑示意圖

圖 4-4　版示意圖

說明：圖 4-2 中比牆壁突出的部分就是柱子，圖 4-3 中比較低的部分就是樑，圖 4-4 中被樑包圍的部分就是我們踩著的版。

鋼筋──看號數、雜質、是否依圖施作

　　鋼筋是結構體中的骨架。讀者可以要求建商的工地主任，告知目前工地正在施作哪部分的結構體，需要用到何種號數的鋼筋，目前有沒有已運至工地的鋼筋可供檢查？

　　等等，什麼是鋼筋的號數？

　　表 8 就是建築工程常用的鋼筋規格表，標示代號欄位的阿拉伯數字，也就是所謂的鋼筋號數，如果工地內有即將用於結構體施工的鋼筋，各位可以要求工地主任實際測量鋼筋的直徑，這樣就能簡單看出建商有沒有確實依設計圖，使用正確的鋼筋材料。

　　接下來，各位可以要求工地主任出示這批進場鋼筋的實驗資料（如圖 4-5）及出廠證明書（如圖 4-6）。依照國家標準 CNS 560「鋼筋混凝土用鋼筋」的規範，鋼筋要進行拉伸試驗、化性試驗、標示、單位質量及尺度等五項測試，

以及鋼筋含輻射量測試。大家不用搞懂各項試驗的合格標準，只要注意實驗室報告上的時間，是否符合工程的施作時間，以及試驗報告有沒有蓋上實驗室合格的印記即可。

表 8　CNS 鋼筋規格表

竹節鋼筋 標　　號	標示代號	單位質量 （W） （kg/m）	標稱直徑 （d） （mm）	標稱剖面積 （S） （cm²）
D10	3	0.560	9.53	0.7133
D13	4	0.994	12.7	1.267
D16	5	1.56	15.9	1.986
D19	6	2.25	19.1	2.865
D22	7	3.04	22.2	3.871
D25	8	3.98	25.4	5.067
D29	9	5.08	28.7	6.469
D32	10	6.39	32.2	8.143
D36	11	7.90	35.8	10.07
D39	12	9.57	39.4	12.19
D43	14	11.4	43.0	14.52
D50	16	15.5	50.2	19.79
D57	18	20.2	57.3	25.79

監工篇

預售屋施工現場勘查大曝光

SGS 試驗報告

材料及工程實驗室-十全

報告編號：NS-13-00798Y
C-13-08918

頁　數：1 OF 1
報告日期：102年 08月 02日

TAF
Civil Engineering
Laboratory
2137

工程名稱：樵仕隆建設滿水居新建工程 ①
建築字號：(102)高市工建築字第01212、01213號
建築地號：高雄市三民區鼎金段1047、1049地號
業　主：樵仕隆建設股份有限公司
監造單位：黃冠中建築師事務所
承包商：谷澤營造有限公司
委託單位：谷澤營造有限公司
供料廠商：志一企業股份有限公司
樣品名稱：竹節鋼筋
結構部位：基礎、地坪、1樓~屋交、柱樑、牆、版筋
取樣人員：谷澤營造有限公司（陳旭本）
送驗人員：谷澤營造有限公司（陳旭本）
會驗人員：谷澤營造有限公司（陳旭本）
收件日期：102年 07月 31日
試驗日期：102年 07月 31日~102年 08月 01日 ②
試驗方法：CNS 560(2005)
備　註：1. 以上資料由顧客提供(收件及試驗日期除外)
　　　　2. 本實驗室為公共工程材料實驗室認證服務計畫認可實驗室

試驗結果

試樣編號	爐號	鋼筋規格 鋼號	鋼筋規格 種類	節高平均值(mm) A側 規範值	節高平均值(mm) B側 規範值	節距平均值(mm) A側 規範值	節距平均值(mm) B側 規範值	間隙寬度平均值(mm) A側 規範值	間隙寬度平均值(mm) B側 規範值	單位質量kg/m 試驗值 規範值	降伏點N/mm² 試驗值 規範值	抗拉強度N/mm² 試驗值 規範值	伸長率% 試驗值 規範值	拉降比 試驗值 規範值	彎曲試驗(180)度 試驗結果
D10	---	D10	SD280	0.6 0.4-0.8	0.5	6.2 6.7以下	6.2	2.8 3.7以下	2.9	0.570 0.521-0.599	432 280以上	618 420以上	27 14以上	1.43 無規定	無裂痕
D13	---	D13	SD280	0.8 0.5-1.0	0.8	8.2 8.9以下	8.2	2.7 5.0以下	2.7	0.991 0.924-1.06	370 280以上	534 420以上	31 14以上	1.44 無規定	無裂痕
D16	---	D16	SD280	1.0 0.7-1.4	1.0	9.9 11.1以下	9.9	3.0 6.2以下	3.0	1.57 1.48-1.64	382 280以上	582 420以上	23 14以上	1.52 無規定	無裂痕
D19	---	D19	SD420W	1.2 1.0-2.0	1.4	11.8 13.3以下	11.8	5.1 7.5以下	5.2	2.22 2.14-2.36	503 420-540	702 550以上	17 12以上	1.40 1.25以上	無裂痕
D22	---	D22	SD420W	1.3 1.1-2.2	1.3	13.7 15.6以下	13.7	5.1 8.7以下	5.1	2.92 2.89-3.19	468 420-540	666 550以上	17 12以上	1.42 1.25以上	無裂痕

③

報告簽署人 ④

本報告若有提供規範值時，該規範值僅供參考。合格之判定以委託單位實際要求為準。

⑤

圖4-5　鋼筋試驗報告

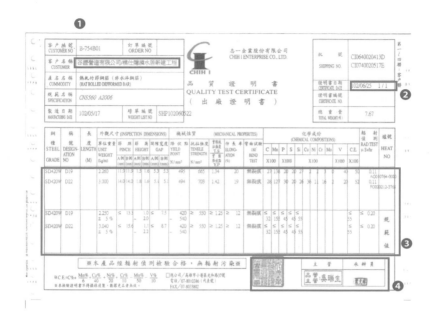

圖 4-6　鋼筋出廠證明書

說明：鋼筋試驗報告及出廠證明應注意事項：

　　　　1. 工程名稱是不是自己愛屋的名稱。

　　　　2. 實驗及出貨日期是否符合施工期程。

　　　　3. 各種實驗的規範值及試驗值是否標示，試驗值是否符合規範值。

　　　　4. 實驗室報告簽署人及鋼筋供應商品管人員是否簽章。

　　　　5. 有沒有取得 TAF 實驗室認證。

　　正常的鋼筋表面呈現竹節狀（如圖 4-7），不應出現油漬或其他雜質，因此我們可以先到鋼筋的暫存地，用目視確認鋼筋表面有沒有鏽蝕或油污等雜質，順道查看一下工地的鋼筋是否有墊高，以避免直接接觸地面造成鋼筋表面沾染油脂、污泥、油漆或其他雜質（如圖 4-8）。

圖 4-7　鋼筋外觀

說明：不可以有油漬，且必須呈現竹節狀；不可過於光滑，才能與混凝土充分結合。

圖 4-8　鋼筋墊高儲存示意圖

說明：墊高才能避免鋼筋直接接觸地面，沾染油脂、污泥、油漆或其他雜質。

　　現地施工勘查的重點就是「確認建商是否依圖施作」。為了讓各位更能瞭解鋼筋的施工圖說，以下就先對施工圖說上常用的名詞，進行圖文對照的說明：

主筋及箍筋：

　　主筋泛指在鋼筋混凝土結構中，承受重力荷載的鋼筋。箍筋則是圍束在主筋四周，作用為提供裹握力，防止結構產生側向爆裂。主筋一定比箍筋粗，而箍筋兩端一定會呈現彎曲，通常一端是 90 度，另一端是 135 度（如圖 4-9 至圖 4-11）。

圖 4-9　樑主筋箍筋示意圖　　**圖 4-10　柱主筋箍筋示意圖**

說明：圖中比較粗的是主筋，比較細的是箍筋，兩條相近主筋或箍筋間的距離，就是鋼筋間距。

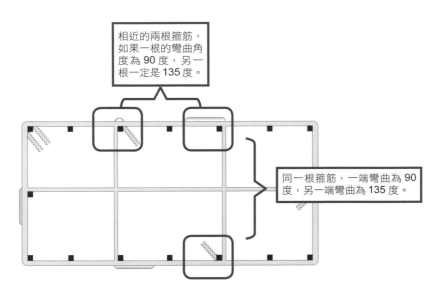

相近的兩根箍筋，如果一根的彎曲角度為 90 度，另一根一定是 135 度。

同一根箍筋，一端彎曲為 90 度，另一端彎曲為 135 度。

圖 4-11　箍筋彎曲及錯置示意圖

鋼筋搭接：

　　一根鋼筋再怎麼長，也不可能從 10 樓直接貫穿到 1 樓，所以在施工上會需要將兩根鋼筋「連」在一起，這就稱為「搭接」（如圖 4-12、圖 4-13）。搭接的方式有兩種，一種是讓兩條鋼筋重疊，另一種則是使用鋼筋續接器。

　　而所謂的搭接長度，就是這兩根鋼筋「重疊部分」的

長度。因為鋼筋搭接處是結構強度比較弱的地方，因此設計

技師通常會指定，在受力比較輕的地方進行搭接，而且同

一個結構構材鋼筋搭接處，「一定」會相互錯開達 75 公分

以上。鋼筋的搭接長度至少需超過鋼筋直徑的 40 倍以上。

鋼筋續接器要錯
開超過 75 公分

圖 4-12　鋼筋續接器錯開示意圖

說明：圖上黃色齒輪即為鋼筋續接器，同一個柱子的續接器不能安裝在同
一個高程，所以圖上續接器的高程位置必須要錯開。

紅色框框就是箍筋彎曲處，上方為彎曲 135 度，下方為彎曲 90 度，上下兩根箍筋彎曲的角度一定會不一樣，同一根箍筋兩端彎曲的角度也會不一樣！

圖 4-13　鋼筋搭接示意圖

說明：與使用鋼筋續接器相同，搭接的位置要相互錯開，且兩條鋼筋重疊的長度必須超過其直徑的 40 倍以上。

鋼筋間距：

鋼筋間距就是結構體每隔多長的距離，就需要埋設一支鋼筋（如圖 4-14）。

在設計圖說上，「＃」表示鋼筋的號數，例如「＃3」就代表在表 8 之中，標示代號那一欄寫 3 的 D10 鋼筋。

「@」表示箍筋的間距，例如每 15 公分設置一組箍筋，表示為「@15」。

如果把這兩者結合起來，「#3@15」就表示，這個結構需要每 15 公分就設置 D10 號箍筋 1 支。

各位看到的如果是「#8-6」，就表示這個結構體構件需要標示代號為 8 的 D25 鋼筋，數量為 6 根，做為主筋使用。

鋼筋間距

圖 4-14　鋼筋間距示意圖

說明：細的鋼筋是箍筋，兩條箍筋間的距離就是箍筋的鋼筋間距。而粗的就是主筋，各位可以檢視整個小樑，核對圖上的主筋及箍筋數量與間距實際是否相符。

鋼筋保護層：

保護層是從最外層鋼筋外面，到混凝土表面之間的淨距離。這一層薄層混凝土，目的是為了避免鋼筋直接裸露在空氣中與水分進行化學作用，而導致鏽蝕（如圖 4-15 至 4-17 所示）。

圖 4-15　板鋼筋保護層施工圖

說明：注意到板鋼筋下方墊的小石塊嗎？墊的高度就是將來板的保護層厚度，各位可以在現場量一下厚度，確認是否與圖說相符，而且大於表 9 規定的數字。

圖 4-16　牆鋼筋保護層施工圖

說明：圖中的圓形鐵件，就是為了預留牆保護層厚度所設置。

行政院公共工程委員會訂頒的〈公共工程施工綱要規範〉第 03210「鋼筋」章節中，對於鋼筋保護層訂有明確的下限，如表 9 所示。

表 9　現場澆置混凝土（非預力）鋼筋之最小保護層

（單位：公厘）

說　　明		版、牆、閣柵及牆版	樑、柱及基腳	薄殼及摺版
不受風雨侵襲且不與土壤接觸者	db ≦ 16mm	20	40	15
	16mm <db ≦ 36mm	20	40	20
	db>36mm	40	40	20
受風雨侵襲且不與土壤接觸者	db ≦ 16mm	40	40	40
	16mm <db	50	50	50
澆置於土壤或岩石上或經常與水及土壤接觸者		75	75	
與海水或腐蝕環境接觸者		100	100	

備註：db 為鋼筋直徑

我們在工地現場，要如何勘查建商有沒有「依圖施作」？

除了先前提過的檢驗試驗報告及鋼筋的外觀外，還可以進行下列的查核事項：

1. 主筋與箍筋的枝數與號數，是否與圖說相符？

2. 箍筋的間距與彎曲角度，是否與圖說相符？

3. 鋼筋搭接長度與位置，是否與圖說相符？

4. 同一構件的鋼筋搭接處，是否相互錯開至少 75 公分？

5. 地板處是否有用足夠的墊塊，來維持鋼筋保護層厚度？

6. 鋼筋綁紮是否牢固？（要用直徑 0.7mm 以上的鐵絲綁紮牢固，以免澆置混凝土時移動變位）

那我們又應該在什麼時候，到看現場鋼筋？

　　最佳的勘查時間就是，您的愛屋正在進行鋼筋綁紮但尚未封模版時。因此請各位務必要求工地主任事先告知，您愛屋鋼筋綁紮開始施作的時間，如果怕工地主任忘記，自己就辛苦點，在一樓開始施作時就常去工地晃晃，算算房子長高一層需要多久時間，就可以換算一下愛屋的樓層，大概會在什麼時候開始施作。記得要比推算的時間再提早一些去工地，或是打電話洽詢工地主任，以免建商施工進

度加速，導致無法進行鋼筋的現地勘查。

勘查時記得要隨時拍照，如果有發現與圖說不符，或是覺得有疑慮的地方，更要換角度多拍幾張相片，並且在紙上大概註記一下問題。

當然也要現場請工地主任協助說明，因為有可能是我們誤解了圖說的意思。如果真的覺得施工上有瑕疵，建議大家先影印施工圖說，然後連同照片，儘速尋求有建築工程專業背景的人士協助，這樣才能趕在混凝土灌漿前（單一樓層鋼筋綁紮的施工時間約 7 天～ 10 天），請建商將施工缺失的地方改善完竣！

混凝土──看抗壓強度

混凝土是結構體中的筋肉，是依特定的比例，混雜水泥、水、粗粒料（就是卵石）、細粒料（就是砂），以及特殊摻料（建築工程用混凝土大多用不到），所製作出的。

混凝土最大的特色就在於它具有流動性，澆灌在建築工地後，就可以任意填充在鋼筋隙縫，將鋼筋緊密包覆，

等到混凝土凝固之後，就會與鋼筋成為一個緊密結合的承重結構體。

　　混凝土的查核重點在於其「**強度**」，各位應該要求工地主任**提供混凝土的氯離子含量的檢測報告**（如圖 4-17-1 及圖 4-17-2），氯離子含量則必須符合 87 年 6 月 25 日的 CNS 3090「預拌混凝土」規定：**每一立方公尺的混凝土，氯離子含量小於 0.3 公斤。**

圖 4-17-1　氯離子含量測試圖

說明：測試氯離子含量的方式其實很簡單，就是將圖上那個機器探針，插進抽樣出的混凝土裡面，等到儀器跑出測試結果就大功告成了！

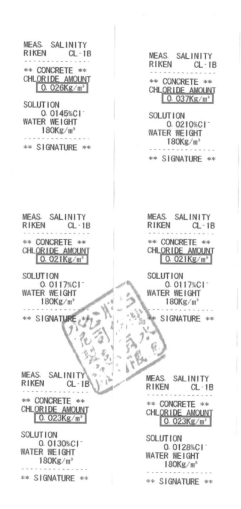

圖 4-17-2　氯離子測試結果圖

說明：圖上的印章是提供混凝土的水泥公司，注意到圖中圈起來的數值嗎？只要這個數值小於 0.3，就表示這混凝土的氯離子含量是合格的唷！

　　至於**另一個查核重點即為「28 天抗壓強度與坍度」**（如圖 4-18-1 至圖 4-18-5），此部分應符合設計圖說規範。

為什麼要特別提 28 天的抗壓強度？

　　因為混凝土在呈現流體狀態時，並不具備承重能力，需要給它凝固的時間來發展強度，而混凝土通常在澆灌後 28 天，強度才能完全發揮。所以混凝土抗壓強度試驗，也需要等待混凝土 28 天完全凝固後，才可以進行試驗。

為什麼混凝土一開始要是流體？

　　這樣才能充分的將鋼筋縫隙給填滿，讓鋼筋與混凝土確實結合為一體，發揮出能夠承載各種拉壓力的強度。

　　此外，各位也可以要求查閱混凝土的出場報告，確定預拌混凝土從出廠到工地的時間，沒有超過 2 小時，以避

圖 4-18-1　混凝土圓柱試體製作示意圖

說明：把抽樣出來的混凝土，澆灌至固定大小的圓柱試體內。

圖 4-18-2　混凝土試體養護示意圖

說明：在試體蓋子上標明取樣的地點及時間，然後靜置 28 天。

圖 4-18-3　混凝土試體抗壓試驗圖

說明：28 天之後，打開模組取出試體，交由試驗室進行抗壓試驗。

圖 4-18-4　混凝土試體實驗後紀錄圖

說明：完成抗壓試驗後，實驗機器會畫出圖來，顯示試體受到的壓力與變形，並且獲得如圖 4-19-5 的實驗結果。

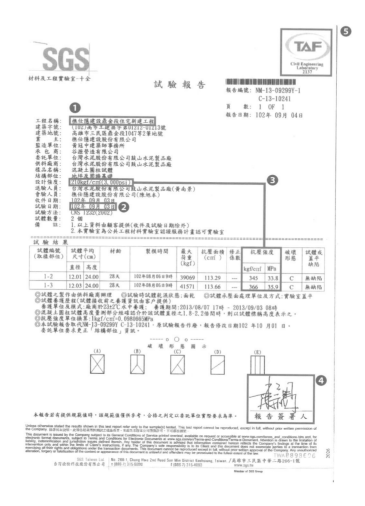

圖 4-18-5　混凝土試體抗壓試驗報告

說明：這張試驗報告要注意的重點有：1. 工程名稱是不是自己愛屋的建案名稱；2. 實驗日期回推的施工日期，是否與現地相符；3. 測試出來的抗壓強度是否大於設計強度；4. 必須要有實驗室簽章；5. 有沒有 TAF 實驗室認證。

免混凝土因為運送時間過長，產生劣化的現象。要是混凝土強度數據不合規定，就應該立即要求工地主任另外鑽取 3 個混凝土試體，再送檢測，以確認混凝土強度是否符合設計的規範強度。

經過補測後，混凝土強度還是不能符合規範該怎麼辦？

實務上不太可能要求建商，將已經澆灌的混凝土結構全部敲除。如果補測的 3 個試體試驗，平均強度均大於規定強度的 85%，而且也沒有任何一個試體的強度小於 75% 的規定強度，那麼在現行的建築技術規則上，允許將這樣的混凝土強度視為合格。

若再次試驗的強度仍不符合前述條件，或真的有安全顧慮時，買方可以依照制式契約內有關「主要建材及其廠牌、規格」違約的條款要求解約，並與建商進行解約的協調事宜。賣方除了應將買方已繳的房地價款退還給買方，如果有遲延利息，也要一併退還，同時還要賠償違約金。

　　在這裡要再次強調，簽約前務必詳細審視條文。如果房屋買賣契約並沒有依政府公佈的制式契約，列明相關的賠償條款，那麼萬一遇到建商未依契約規範施作，買方想要伸張自身的權益，就會面臨沒有契約條款可用的窘境。事前多一分準備，事後就會多一分保障。

> 除了檢覈數據之外，工地進行混凝土澆置時，還需要注意什麼事項？

　　其實我並不建議各位在工地進行混凝土澆灌作業時到現場，主要的原因是混凝土澆置時會有非常多重型機具（如圖 4-19），此時進出工地的危險性很大。況且混凝土澆注是需要連續不間斷的持續施作，有可能會連續澆灌數十個小時（如圖 4-20、圖 4-21），工地主任其實不太可能有時間陪著您，而且您應該也不太可能全程督工。因此，讓工地主任專心完成混凝土澆置的監督工作，會比我們去現場督導，對愛屋更有幫助。

圖 4-19　混凝土澆灌重型車輛

說明：照片前方的是混凝土幫浦車，後方的預伴混凝土車。在灌漿作業時，預拌混凝土車會川流不息在工地進進出出，對於非工作人員而言，具有相當的危險性。

圖 4-20　工地灌漿實況

圖 4-21　混凝土澆置後處理示意圖

說明：在混凝土澆置完後，還需要進行混凝土表面初步整平作業，這項作業需要在混凝土還沒有凝固前完成，所以是個與時間賽跑的工項。

　　灌漿時，幫浦車會接管到準備灌漿的地點，由於混凝土還是流體，所以現場常會濕答答又髒兮兮，況且不小心採到未乾的混凝土，除了鞋子與衣物難以清洗外，搞不好還會在您的愛屋留個腳印唷！這也是我不建議在現地督導混凝土灌漿的原因。

筆記本

監工重點 2：機水（弱）電工程

　　牆壁上的插座、有線電視訊號線及網路線；天花板上的燈具及消防偵煙器；淋浴間、洗手台及外陽臺的排水孔；廁所的排糞孔；門口的對講機；廚房的偵煙器及室內冷氣的排水孔等，都可歸類在機水電工程的範圍。

　　這些器具雖然都可以用肉眼看到，然而，器具的管線卻都是預埋在結構體內。假如浴室地板上排水接頭施工不良導致漏水，勢必要將地磚全數敲除後才能修繕，這部分也會是施工勘查的重點！

配管配線──檢查線材及管材、核對配管位置

　　如果埋在牆壁裡的電線斷了，愛屋將無電可用。如果有線電視訊號線壞了，就不能觀看喜愛的節目。這些埋在牆壁裡的配線，其實單價並不高，然而材料的品質及施工

的水準，卻會嚴重影響居住品質，自然值得我們投注心力來好好監督。

應該有許多人都聽過黑心線材的故事，其中種種可能出差錯的小地方，全都是攸關居住品質的大關鍵。因此**各位要做的第一件事就是，請建商將要裝在您愛屋的所有線材及管材，攤在桌子上讓您逐一檢查，核對其品牌與線徑粗細，是否符合契約內「主要建材及其廠牌、規格表」的要求。**如有不符，請立即拍照存證，並以書面方式要求建商立即更換材料，更換後才允許建商進場施作。這些埋在牆壁裡面的線材要是出了問題，替換起來可是折騰人的大工程。

那什麼時候可以到現場看配管、配線？

一般而言，預埋在柱及版內的管線，通常會配合樓層鋼筋綁紮的時間進行施作，因此**可以配合鋼筋勘查時，一併檢查埋設的位置是否符合契約圖說**（如圖 4-22 至圖 4-24）。

地排位置

圖 4-22　預留於版內的排水管及其他線路配管

說明 ：橘色比較粗的是排水管，灰色比較細的則是預埋的電線配管，您可以比對一下兩個管線出頭的地方，是否符合圖說中該有插座與地排的位置。

出線孔

圖 4-23　牆面預留插座高度示意圖

說明：圖中牆面上的一個個小方盒子，就是將來插座或者其他弱電線路的出線孔，您可以依圖核對出線的位置與高度是否正確，順道一提，圖上最大的木框是將來窗戶的位置，大小與高度也可以跟圖說進行比對。

　　至於隔間牆上的網路、插座、有線電視訊號線等配管作業時間，則要視室內隔間牆材質而定；如果採磚牆隔間，那麼配管配線的時間會在磚牆完成組立後；如果是採輕隔間材質，那配管作業會在隔間骨料完成組立、尚未封面板時進行施作，確切時間可以請工地主任再行告知。

　　以下將介紹配管配線作業的勘查重點，並請記得拍照存證：

1. 現場使用的管材與線材，厚度、直徑及品牌是否與契約所列相符？

2. 排水管轉折處，是否有使用彎頭或三通相接？管與管接合是否緊密？埋設於結構體內的管材，是否已經有破損的情況？

3. 檢查愛屋的插座、電話出線孔、網路出線孔、有線電視出線孔位置、數量及高度，是否與需求相符？
這邊要特別提醒讀者，在測量出線孔高度時，要先扣除地板保護層厚度以及未來面材厚度。舉例來說，假設現

場測量到，從出線孔到鋼筋完成面的高度是 120 公分、版的保護層厚度是 2 公分、地磚鋪設完成高度約 10 公分，那麼完成後的出線孔高度，就是 120 － 10 － 2 ＝ 108 公分。

4. 檢查浴室地排、淋浴間地排、廚房地排、陽臺洗衣機排水及地排，是否依圖完成預留？

圖 4-24　磚牆隔間管線配置圖

說明：隔間磚牆的配管配線需要在磚牆砌好後開始打鑿，打鑿完成後進行配管，配管完成後進行穿線作業。各位可以將出線槽位置、高度及數量與圖說進行核對，亦需要觀察線材外皮上標示之廠牌及線徑，是否符合契約材料表之要求。

此外，各位還可以在建商進行愛屋配管作業時親自監督，除了確定建商確實依照契約規定，使用合格之管材外，也可以請建商翻出愛屋未來的插座、網路出線孔、電話出線孔及有線電視出線孔的位置圖，現地核對配管位置是否正確。

當建商進行愛屋的配線作業時，各位最好也能到場親自監督，以避免黑心細線充斥在愛屋的牆壁內而不自知。當然，也別忘了拍照存證的動作！

筆記本

監工重點 3：室內裝修工程

　　室內外的壁地磚、木地板、壁紙、油漆、廚房廚具櫃、客廳電視牆、造型天花板、室內隔間門、家具、鞋櫃及系統櫃等，房子最後的面材裝修工項，都可以歸於這類。這部分工程大多可於完工後檢視，然而仍有防水工程及地磚鋪設兩個區塊，需要在施工階段進行檢視。

防水──看施作高度、防水材塗佈、試水

　　漏水問題是許多屋主的最痛，而且防水材料都施作於磁磚等面材的下方。一旦愛屋的防水出現問題，往往必須將面材全數敲除至結構體後，才能重新施作防水層。因此各位對於建商的防水層施作，務必要謹慎監督，才能避免之後發生漏水的情形。

　　一般住家都會需要施作浴廁及窗台周邊的防水，各位

應該在契約簽訂時，將防水材料納入契約的「主要建材及其廠牌、規格表」之中，並要求工地主任，在浴廁及窗台周邊防水層施工前，務必先行通知，才能在施作當下直接到現地瞭解施作情形，並拍照留存。

防水層施作的時間，通常會在壁地面完成泥作打底，尚未進行磁磚張貼施作之前。防水層通常會由 2 種～ 4 種不同材質的原料，依順序逐層施作。施作前應該要先將所有材料，與契約中「主要建材及其廠牌、規格表」相互核對，如果現地使用的材料與契約所列不符，就要主張更換為契約所列材料。（浴廁施作工程如圖 4-25-1 至 4-25-6 所示）

浴廁防水層施作時要注意，淋浴間內壁面防水的施作高度，要超過 180 公分以上，非淋浴間部分牆面，也要施作達 1 公尺以上。

圖 4-25-1　浴廁地坪與牆面清潔圖

圖 4-25-2　地面與牆面防水底漆塗佈

圖 4-25-3　牆面與地面交界處鋪設玻璃纖維網

圖 4-25-4　牆面與地面交界處塗佈防水樹脂

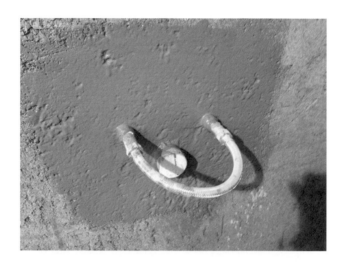

圖 4-25-5　牆面出水口塗佈彈性水泥

圖 4-25-6　牆面及地面全面塗佈兩層彈性水泥

　　圖 4-25-1 至 4-25-6 就是浴廁防水層整體施作順序，在塗佈防水底漆前，浴廁的地坪與牆面上的土漿與粉塵一定要清除，否則防水底漆的附著性會變差；此外，牆面與地面交界處一定要進行玻璃纖維網及樹脂的強化，因為此處通常是浴廁防水最容易失敗的地方；最後，每進行下一階段的工程施作前，前一道防水材料一定要完全乾透，絕不可搶快施作。

　　於防水層全數施作完竣後，各位**應要求工地主任試水48 小時以上**（就是將排水孔塞住，將完成防水層施作之區域積水達 5 公分以上，並靜置超過 48 小時），**確定下方沒有滲漏情形後，才允許進行裝修面材的施作。**

防水層的施工應該多久看一次？或是應該要看個幾次？

　　因為防水層屬連續施作工項，如果讀者每層施作都要親眼看到的話，會需要連續去工地 3 天～ 5 天，應該不會有太多讀者有這樣的閒情逸致。

　　因此我建議各位，可以在第一層防水施作時，到現地確認工地主任確實有依照前述施工規範進行施作，並詢問工地主任什麼時候要進行試水。**請工地主任在開始試水當天，將蓄水的照片 E-mail 給您，只要在試水結束那天到現場確認有無滲漏痕跡，**這樣就能花比較少的時間，又能親自檢核防水施作的重點項目。

　　以下說明窗台施作工程，如圖 4-26-1 至 4-26-3 所示。

　　窗台防水部分，防水材必須塗佈滿窗台四周，並達到契約圖說所規定的厚度。此外，單一種類的防水材料最好一次完成塗佈施作，以免接縫處的防水效果不彰。每種材料施作完成後，都必須靜置一天以上，才能繼續施作其他防水材。

　　門窗防水的重點在於未安裝框架時，是否確實於開口四周施作防水底漆及兩層彈性水泥；而安裝門框後是否將與結構體間之空隙完全填塞，以及填縫之後，防水底漆及彈性水泥收邊是否確實。此外，**不同類型的防水材料不能混同施工，也是本處應審視的重點之一。**

圖 4-26-1　門窗窗框塗佈水泥

說明：門窗窗框未安裝前，先於四周塗佈防水底漆及兩層彈性水泥。

圖 4-26-2　安裝門窗框

說明：門窗框安裝後，以混合防水劑之水泥砂漿填縫。

圖 4-26-3　再塗佈底漆及水泥

說明：填縫完成後，表面再塗佈防水底漆及兩層彈性水泥。

裝修材──挑建材配色

　　裝修材就是愛屋完工後，一眼所見的天花板、壁面及地板所使用的建材。同樣的，這些建材都應該要列於契約的「主要建材及其廠牌、規格表」之中，而查核建商是否有依契約的規定採用相關建材，是各位該做的第一項監督作業。

　　建商在施作裝修材前，應先請買方選擇建材的色調，

實務上建商常備妥三種左右的顏色，供買方自由搭配。建議買方可要求建商一次備妥天花板、壁面及地板的建材樣品還有色卡，方便買方有全盤配色的想像空間。

當然，如果覺得自己對空間配色的想像能力不佳，也可以請從事室內裝修的朋友，或是未來將負責愛屋室內裝潢的設計師，一同選色選樣，以免愛屋完工後的模樣，與心理預期落差過大。

最後請記得將選定的色系與樣品編號記錄下來，並且拍照存證。如果驗收時發現，建商沒有依當初選擇的樣品及顏色編號施作裝修材，就可以出具當初的證明資料，要求建商敲除重做，或是扣減該部分的工程款。

因為裝修材多半可於驗收時直接目視及測量平整度，且修改較為容易，故絕大多數工項施作時，各位都不必到現地督工。不過近年來為追求空間美觀，地磚的尺寸越來越大，而且這個工項重做較為不易，所以建議各位可以在磁磚打底張貼施作時，至現場掌握施工狀況。

地磚──盯打底張貼

我最推薦的大面積地磚（60×60公分以上）施作方式是「半乾式軟底施工法」。半乾式施工法是在結構體上鋪設一定比例混合的水泥砂漿，等泥作底乾並確定表面已平整後，再將土膏水均勻灑在約6片～7片大小地磚的乾底處，並依序將磁磚鋪貼於泥作底層上。

如果一次灑太多的面積，會造成比較晚施作到的地磚，因為泥作底過乾，導致地磚與泥作材黏合度不佳，將來容易因為熱漲冷縮而發生空心隆起的現象。

每片地磚置於定位後，都應該小心且均勻的敲打表面，將背後的空氣擠出來，並且一直重複前述步驟，直至整面地磚均完成施作。完工後至少要靜置到隔天，才可以進行後續的填抹縫事宜。

實務上，工項的施作方式選擇權在建商。一般而言，目前大尺寸地磚（60公分×60公分以上），多半會採半乾式軟底的施工法。若建商採取其他工法進行施作，施工應

注意的事項其實大同小異，如「土膏水要塗抹均勻」、「要小心均勻的敲打地磚表面」及「施工完必須靜置」等。各位只要用相同的原則，進行督工及拍照即可。（如圖 4-27-1 至圖 4-27-9）

圖 4-27-1　施工前清潔

說明：施工前須掃帚將區域內的小石塊、雜物及灰清除乾淨。

圖 4-27-2　水泥與砂攪拌施工

說明：一般來說，地磚下方約會有 4 － 8 公分的水泥砂漿底層（俗稱泥作打底），主要功用是讓地磚能鋪貼在平整的水泥砂漿底層上，並與土膏水提供地磚良好的黏著度。

圖 4-27-3　泥作打底高程測量

說明：打底層的厚度需要配合室內門框的高度，如果底打太厚，地磚貼好後會導致門關不起來，底打太薄，則會讓門與地磚間的縫隙太大，正常門與地磚完成時的縫隙約 5mm 左右。

圖 4-27-4　泥作打底整平

圖 4-27-5　打底整平完成圖

說明：依之前放樣的高程，將泥作底整平。整平完成後，需要等水泥砂漿
乾後，才能進行下一階段的工程施作。

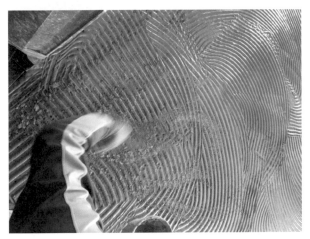

圖 4-27-6　鋪設土膏水

說明：在泥作底乾後，接下來就是在底層上塗佈土膏水。土膏水是由水分較多的「水泥＋砂＋高分子黏著性材料」所組成，師傅會用特殊紋路的抹刀，將土膏水抹的如照片中那樣一條條的樣子，目的是為了增加與地磚的黏著度。

此外，土膏水如果太乾，會造成黏性下降，因此師傅一次塗抹土膏水的面積最好不要超過 5-6 坪（60X60 公分地磚 9 片約一坪），以免後施作的磁磚因黏性不足，遇到天氣冷熱變化過快時就會隆起。

圖 4-27-7　地磚張貼施工圖

說明：地磚張貼時，要一塊一塊的施作，且師傅應仔細輕敲磁磚表面，讓地磚平整且與底層間無過大之縫隙。縫隙越大，將來因冷熱變化隆起的機率就越大。

圖 4-27-8　地磚張貼完成

圖 4-27-9　地磚保護圖

說明：地磚施作完成後，需於表面鋪設保護層，並靜置 1-2 天後，才能進入施作其他工項。

　　各位在現地施工查驗時，除了隨時隨地拍照留存外，如果對建商在施工階段有任何要求，最好能以書面表示，並由買方及工地主任，分別於兩份書面上簽章後，各自留存一份書面資料。

　　假如工地主任不願在書面資料上簽名，**建議您可以採存證信函的方式**，將書面要求直接寄給與您簽約的甲方代表，證明您的書面意見已經正式寄給建商。這樣才能避免建商以「這是工地主任的個人意見」或「工地主任已離職」等原因搪塞，確實維護您自身的權益。

筆記本

怎麼驗收，房子才不出紕漏？

終於來到驗收階段，
但是驗收究竟要驗什麼？眼睛掃過就好了嗎？
NO，NO，NO，
驗收可是關係著，
未來你能否「求償有門」的最後一個把關機會，
千萬要小心謹慎。
不知道驗什麼沒關係，
只要照個本篇提供的 121 項「交屋驗收明細表」逐一檢視，
就能輕鬆完成驗收，要求建商改善，
讓自己的愛屋更臻完美！

顧名思義，驗收就是「先驗再收」，先查驗屋子是否符合契約所規定的坪數大小、建材品牌及規格，並且對愛屋的施工品質做最後的總體檢。直到一切缺失都由建商完成改善，並經過買方同意之後，才將房子由建商那接收過來。

千萬別相信建商所說「要先完成交屋（產權移轉），並完成貸款程序後，才能進行驗收」之類的說詞，如果在完成驗收前，就完成房屋的產權移轉及核貸作業，除了地價稅及房屋稅從房屋移轉之日起，由買方負擔的小問題之外，最怕的是建商一旦拿到銀行撥付的貸款，買方不再擁有扣押房款的利器後，就開始拖延驗收及缺失改善的期程，藉以逼使買方草草了事。

因此請切記，**一定要先完成驗收程序，確認已經沒有待改善的缺失之後，再談交屋相關事宜。**

下表彙整了 121 項交屋驗收時常見的應注意事項，各位在驗收時可以照表操課，才不會有所遺漏。

表 10　交屋驗收明細表

主要項目	細項	注意事項	Y/N	備註
1. 門：	(1)玄關門	玄關門試上鎖及開鎖，檢查鑰匙開關是否順暢，鎖頭與鎖孔正確密合、不鬆動		
		玄關門貓眼可以看清楚門外		
		門開關無雜音		
		門片及門框無撞傷、凹損、刮傷，或是烤漆脫落、鏽蝕		
		門扇與地面的縫隙不會過大		
		面材有無刮傷		
	(2)臥室門、廁所門、廚房門、陽臺門	門止無損壞		
		關門時門框及鎖孔閉合無空隙		
		門扇與地面的縫隙不會過大		
		門把或門鎖無鬆動，轉動順暢		
		門開關無雜音		
		門框無油漆漬、污損及凹凸不平		
2. 窗（每一片窗都要仔細檢查）		窗扇閉合度是否良好		
		可緊密上鎖		
		窗扇及紗窗開啟順暢		
		窗框、玻璃無刮傷		
		紗窗窗框邊有防蚊條		
		紗窗及軌道有無變形		

3. 天花板、牆面、地板	(1)天花板	天花板油漆粉刷是否平整		
		顏色是否均勻，是否為之前所選色樣		
		無龜裂及脫落		
	(2)牆（每一面牆上到下都要檢查）	油漆粉刷是否平整（眼觀手摸）		
		顏色是否均勻，是否為之前所選色樣		
		無龜裂及脫落		
		無明顯刷痕		
		檢視牆是否平整（可採後背貼牆頭側臉斜視方式檢測）		
	(3)地板	確認每一處磁磚均為實心（拿拐杖逐一敲打每塊磁磚）		
		地磚鋪貼平整且無龜裂		
		磚縫大小一致		
		磚縫色澤一致，且為所選之色樣		
		地磚邊緣無破裂或磨損		
	(4)預留的冷氣冷媒管	樑上預留的冷氣冷媒管通道是否夠大		

4. 浴室	(1)洗臉盆：	止水塞拉桿功能是否正常		
		拉桿位置適當		
		蓄滿水至溢水口，看水是否可從溢水口排出，臉盆下方排水管附近是否有漏水，止水塞拉起，看排水是否順暢及排水管有無漏水		
		臉盆台面有無刮傷		
		洗臉盆與牆面貼合是否緊密，螺栓是否栓緊		
		鏡前的層板有無鬆動		
	(2)水龍頭：	有無刮傷鏽蝕		
		龍頭轉動是否順暢		
		出水量是否正常		
	(3)浴缸：	蓄水功能是否正常		
		表面無刮傷瑕疵		
		浴缸接縫處，水泥填補是否平整		
		水龍頭水量控制是否正常		
		切換至蓮蓬頭出水是否正常		
		檢查蓮蓬頭有無瑕疵，軟管有無漏水及變形，以及其長度是否足夠		
		浴缸缸體是否有滲漏情形		
	(4)淋浴間：	淋浴隔屏密閉性是否良好（將隔屏關起後，用水朝隔屏縫隙及地面沖）		
		隔屏門開關順暢		
		地板洩水坡度是否平順，方向是否朝向排水孔		
		落水頭固定是否良好，周遭泥作收邊是否平整		

4. 浴室	(5)馬桶：	表面有無損傷瑕疵		
		馬桶蓋有無鬆動及刮傷		
		沖水量及排水是否正常		
		水箱注水是否達一定水位即停止		
		沖完水後，馬桶周邊有無滲水		
	(6)抽風扇（是否為多功能形式）：	可否正常運轉		
		運轉是否太大聲		
		其他如烘乾等功用是否能正常運作		
	(7)地面排水孔：	蓄水檢查洩水坡度及排水功能是否正常		
		落水頭固定是否良好，周遭泥作收邊是否平整		
	(8)五金配備：	鏡面平整無刮傷		
		置物架、毛巾架、肥皂架等五金固定是否牢靠，有無生鏽刮痕		

5. 廚房	(1) 櫥櫃：	每一門片打開及閉合是否正常順暢		
		門鉸鍊有無生鏽或轉動不順情形		
		抽屜抽拉是否順暢		
		菜刀架固定是否牢靠		
		檢查廚櫃面體有無刮撞傷		
		上櫃門開啟時不會撞到燈具或天花板上的設備		
	(2)檯面、洗滌槽：	表面有無刮傷		
		櫃體與牆面是否密合		
		蓄水水塞可否緊密，排水是否順暢，水槽下方管線有無滲漏		
	(3)瓦斯爐：	功能是否正常		
		運轉有無雜音		
		瓦斯軟管接頭處是否緊密		
		排煙軟管是否接妥至戶外		
	(4)排油煙機：	功能是否正常		
		排油煙機燈號是否正常		
		油杯及網紙等配件有無缺漏		
	(5)天花板：	照明燈具是否正常運作		
		是否有安裝瓦斯滲漏偵測器及消防警報器		

6.機電及冷氣排水設備：	(1)總開關箱：	總開關牆面開口收邊是否平整		
		開關箱面板是否平整無傷痕		
		開關箱門開關是否順暢，閉合是否緊密		
		箱內線路是否整齊		
		每個迴路標示是否明確		
		將所有迴路開至 ON，再檢查每一開關及燈具功能是否正常		
	(2)開關：	開關夜視功能是否正常		
		開關面板有無損傷		
		每個開關及燈具是否可正常運作		
	(3)對講機：	索取使用手冊		
		呼叫功能是否正常		
		警報等功能是否正常，按鈕及燈號是否正常		
	(4)插座：	插座牆面修邊是否正常		
		面板平整有無翹起或破損		
		每個插座供電是否正常		
	(5)緊急照明燈	是否能正常運作		
	(6)燈具	是否能正常運作		
	(7)消防設備	逃生、消防設備是否齊全且運作正常。		
	(8)冷氣排水孔	預留之冷氣排水孔是否可正常排水		
7.前後陽臺		排水孔排水是否順暢		
		開關及燈具是否正常		
		陽臺欄杆高度是否與圖說相符，固定是否穩固		
		是否預留室外機用電插座及冷媒管配管位置		
		壁地磚是否平整		

8. 文件	(1)土地所有權狀（正本）	土地建物權狀——確認所有權人、土地建物標示部分、坪數計算無誤，以及確認車位號碼或位置		
	(2)建築物所有權狀（正本）。	坪數是否短少，須詳細核對所有權狀是否符合契約規定坪數		
	(3)使用執照（影本）	房屋興建完成，主管機關（縣市政府工務局）核發		
	(4)房屋保固證明書	詳載售後服務流程及保固內容、期限等，要與契約規定相符		
	(5)無輻射鋼筋污染，無海砂屋之保證書	要求建商出具無輻射鋼筋之污染及非海砂屋之保證		
	(6)設備使用手冊	房屋設備甚多，有使用手冊協助，將來有關操作使用，維修保養、簡易修繕都能得心應手		
	(7)水電費、管理費、瓦斯費影本	交屋日賣方應結清且交付收據影本，若賣方未付清，可代扣相當費用或另行約定		
	(8)稅單影本	房屋稅單、地價稅單結算——原則上依合約約定結算，若約定以交屋日為繳納基準日，則賣方須提供稅單影本並核計，或另行約定代繳代付的方式		
	(9)費用明細表	產權移轉登記、設定稅費、代書代辦費用及其他規費明細，均依契約規定由買方負擔		
	(10)售後服務連絡方式	建商大抵設有客戶服務單位、提供售後產品修繕、諮詢、設備保養維修等相關售後服務，須掌握相關連絡管道，以備不時之需		
	(11)本票	應退回原簽署之本票		
	(12)各項建材品牌，型號及供應商列表	便於日後維修		

9. 其他	(1)房屋鑰匙	應包含社區大廳、信箱、玄關大門及室內門之鑰匙，至少應有乙式兩份		
	(2)建材等級	設備及使用建材之品牌及規格是否與契約相同，不同時則依契約條文商談補償或重作事宜		
	(3)室內實測面積	與契約所附平面圖核對，誤差須小於契約容許範圍		

註：

1. 可以準備一個插座檢測儀或充電器，或任何可以測試是否通電的設備，以檢查是不是每個插座都能正常使用。

2. 電話孔及電視孔在驗屋時雖無法測試功能，仍應該在驗收單上註明，若搬遷後發現無法使用，應立即改善。

3. 每一空間：客廳、餐廳、臥室、浴室、廚房、陽臺，都要進行地毯式檢查，如地板是否均為實心、有排水孔的地方是否排水順暢，每一片窗、每一個插座開關都不能疏忽。

4. 記得攜帶捲尺，才能丈量室內面積，並與契約圖說及權狀核對。此外，也可以沿著磁磚縫拉直捲尺，藉以比對壁地磚鋪貼是否平整。

5. 記得攜帶空瓶子，方便裝水測試預留的冷氣排水孔，是否能正常排水。

6. 攜帶照相機，將所有的缺失統統拍照留存。

　　第一次辦理驗收時，一定會有需要建商改善的缺失。請各位務必謹記，將所有的缺失白紙黑字填寫在驗收紀錄上。

　　驗收紀錄與上述交屋驗收明細表不同，明細表是用來提醒需要檢驗的工項，屬於驗收紀錄的附件之一；驗收紀錄則需要詳細記載缺失的位置與情形，所有缺失的照片，也可做為驗收紀錄之附件。

　　此外，請務必在驗收當天，與建商代表確認相關缺失的改正期限，並登載於紀錄中「改善、拆除、重作、退貨、換貨之期限」之欄位。如果沒有填寫改善期限，廠商可能會故意慢吞吞的進行缺失改正，藉由時間來逼使讀者草草同意驗收結案。

　　表 11 是我建議的驗收紀錄格式。

表 11　驗收紀錄

門牌號碼		廠商名稱	
履約期限			
完成履約日期	年　月　日	履約有無逾期	□逾期　□未逾期
變更後房屋總價		契約變更或加減價次數	

【驗收經過】：

【驗收結果】：
□與契約、圖説、貨樣規定相符。
□與契約、圖説、貨樣規定不符及其情形：

【改善、拆除、重作、退貨、換貨之期限】：

【備註】：

甲方（建商）驗收人員	乙方（買方）驗收人員

> 驗收不是檢查房子蓋得好不好就行了嗎？為什麼還要看第八大項那一堆讓人頭昏的文件？」

這些可是後續交屋及過戶的重要文件喔。

土地所有權狀及建築物所有權狀的審查重點在於，權狀登記之坪數大小，是否與買賣契約相符；另一重點則是，土地及房屋除了貸款銀行以外，不可以有其他的抵押權設定。

因此，請各位**要求建商在驗收合格辦理交屋時，另行出具當天申請的最新土地所有權狀，以及建築物所有權狀，確認所有權人是否正確，以及沒有不正常的抵押權設定。**

水電、管理及瓦斯費，還有產權移轉登記、設定稅費、代書代辦費用及其他依約由買方負擔的規費，當然需要建商檢附相關收據供讀者審查，確認後再據以支付相關款項。

房屋稅及地價稅通常是以交屋日一刀切，交屋前應由

建商繳納，完成交屋後自然應由買方負擔，通常採用月份作為分攤計算的依據（當然也可以約定用日數來分攤，但在實務上比較不常見）。

舉例來說，假設愛屋是在 6 月 9 日完成交屋手續，因為房屋稅是每年 5 月 1 日至 5 月 31 日繳納，所以交屋當年度房屋稅的納稅義務人是建商，而且建商應該已經先把整年度的房屋稅繳納完畢了，所以買方在交屋結算時，需要將 6 月至 12 月等七個月份的房屋稅，找補給建商（因為在 6 月 15 日前完成交屋，通常 6 月份的房屋稅歸屬於買方繳納，當然買方也可與建商再行協調分攤方式）。

至於地價稅則是規定於 8 月 31 日時的土地所有權人為納稅義務人，因此這個案例中的納稅義務人是買方，所以在交屋時，建商需要將 1 月至 5 月等五個月份的地價稅找補給買方。

如果是由建商代為繳納整年度的稅款，那麼建商需要檢附稅單、繳稅證明影本及稅款分攤表，明確計算出買方應分攤的稅款金額。反之，如果建商還沒有完成相關款項

繳納，則要製作稅款分攤表，並將建商應負擔的稅款找補予買家，或直接從買方尚未繳納的房款之中扣除。

因為稅款金額相較於房價而言並不高，建商沒有動機「故意」遺漏稅款繳納，但各位在交屋時請務必檢查，該繳的稅款是不是都已經有相關的繳納收據，以免因為建商「疏失」，導致自己成為將來需要補稅及被罰款的冤大頭。

最後提醒讀者，當初辦理房屋產權移轉時，建商依約會要求買方開立本票，本票受款人為建商、票面上註明禁止背書轉讓，並且記載了擔保之債權金額及範圍。請務必在交屋當日向建商要回該本票，以維自身權益。

使用執照（影本）、無輻射鋼筋污染及無海砂屋保證書，則是在確保您的愛屋是領有使用執照，也沒有使用輻射鋼筋及海砂的合法房子。

至於房屋保固證明書、設備使用手冊、售後服務連絡方式，則是確保愛屋內相關設備究竟該如何使用操作，以及如果遇到需要保固維修時，該與建商的哪一個對口單位連絡。

同時，建商應將各項建材品牌、型號以及供應商列表，讓我們可於保固期屆滿後，自行聯絡相關設備供應商，進行設備的維修及更新。

同時身為買房的消費者，我非常清楚，擁有自己的房子能給家人帶來多大的安定感。因此，我想藉由分享自己看房、買房、賣房及蓋房的經驗，讓所有想買房的讀者，都能夠用可以負擔的價格，買到品質好又符合全家需求的「理想屋」。

表 2 乗

554.89   103001359

ISBN 978-986-185-972-9（平裝）

定價：420元 －（叢書系列：RI 275）

希代多媒體書版股份

面；　公分．－

/ dolin66著．－ 初版．－ 臺北市：高寶國際出版：

背景圖文攻略：遊戲、美術、材質、電工、輸出一本到位

國家圖書館出版品預行編目（CIP）資料

初版日期　2014年5月

發　　行　希代多媒體書版股份有限公司／Printed in Taiwan

戶　　名　英屬維京群島商高寶國際有限公司台灣分公司

郵政劃撥　19394552

傳　　真　出版部 (02) 27990909　行銷部 (02) 27993088

電　　郵　readers@gobooks.com.tw（讀者服務部）

　　　　　pr@gobooks.com.tw（公關諮詢部）

網　　址　gobooks.com.tw

電　　話　(02) 27992788

地　　址　台北市內湖區洲子街88號3樓

　　　　　Global Group Holdings, Ltd.

出　　版　英屬維京群島商高寶國際有限公司台灣分公司

美術編輯　黃馨慧

排　　版　趙小芳

校　　對　黃馨慧、dolin66

編　　輯　黃馨慧

總 編 輯　陳翠蘭

作　　者　dolin66

RI 275

背景圖文攻略：遊戲、美術、材質、電工、輸出一本到位